LA

CRISE PHILOSOPHIQUE *1197*

Paris. — Imprimerie de E. MARTINET. rue Mignon, 2.

LA CRISE

PHILOSOPHIQUE

MM. TAINE, RENAN, LITTRÉ, VACHEROT

PAR

Paul JANET

MEMBRE DE L'INSTITUT

Professeur à la Faculté des lettres de Paris.

PARIS

GERMER BAILLIÈRE, LIBRAIRE-ÉDITEUR

Rue de l'École-de-Médecine, 17

Londres
Eipp. Baillière, 219, Regent street,

New-York
Baillière brothers, 440, Broadway.

MADRID, C. BAILLY-BAILLIÈRE, PLAZA DEL PRINCIPE ALFONSO, 16

1865

LA

CRISE PHILOSOPHIQUE

ET

LES IDÉES SPIRITUALISTES

Les idées spiritualistes, représentées par une école puissante et à peu près sans rivale dans la première moitié de ce siècle, ont traversé pendant cette période deux phases bien distinctes. La première a été une phase d'invention, d'investigation et de promesses. L'école nouvelle, victorieuse (elle le croyait du moins) de la philosophie du XVIIIe siècle, aspire évidemment à donner elle-même une philosophie originale, à faire des découvertes dans le domaine de la conscience et de la pensée. Elle se croit en possession d'une nouvelle méthode,

P. JANET. 1

elle essaye d'organiser la science philosophique,
elle propose une théorie nouvelle de la raison,
elle porte dans la théorie de la volonté et de la
causalité des vues neuves et profondes, elle in-
troduit ou plutôt elle réintègre, à la suite de
Leibniz, l'idée de force en métaphysique. Tout
n'est pas nouveau dans son entreprise, mais
tout y est renouvelé, rajeuni, réveillé. Elle
n'est pas toujours d'accord avec elle-même :
tantôt, sous le prestige de l'Allemagne, elle se
laisse entraîner jusqu'aux confins d'un nuageux
idéalisme, et tantôt, retenue par l'esprit écossais, elle semble sur le point de s'arrêter à un
assez maigre scepticisme. Malgré ces défail-
lances et ces dissidences passagères, elle n'en
obéit pas moins en général à un esprit commun ;
elle a un dogme fondamental sur lequel elle n'a
jamais varié, et qui est la vraie conquête
scientifique de cette école : c'est que la psychologie est distincte de la physiologie, et
qu'elle est la base de toutes les sciences philosophiques.

Bientôt cependant, il faut le reconnaître,
l'esprit de recherche et de libre investigation,

le goût des découvertes philosophiques, cédèrent la place à un autre goût, à une autre ardeur, à une autre ambition, et, comme il est difficile de faire deux choses à la fois, on abandonna, au moins provisoirement, l'entreprise ébauchée d'une philosophie nouvelle, et l'on poursuivit un autre objet, l'histoire et la critique des systèmes de philosophie. Les grandes écoles furent d'abord mises en lumière. L'antiquité fut fouillée avec un sens critique, une connaissance des textes, un génie d'interprétation que la France n'avait pas l'habitude de porter dans ces sortes de recherches. De grandes traductions et de savants commentaires rendirent accessibles à toutes les intelligences cultivées les maîtres les plus illustres et les plus profonds de la philosophie. Platon, Aristote, Plotin, Abélard, Spinoza, Kant, furent l'objet des plus beaux travaux. On a beaucoup critiqué cette prédominance de l'esprit historique, et l'on a dit que l'école spiritualiste, en se consumant à découvrir ce que l'on avait pensé avant elle, oubliait un peu de penser pour son propre compte. Cette accusation n'est

pas absolument sans vérité ; mais le bon sens
répond avec autorité qu'en se consacrant à
cette œuvre plus modeste que brillante, on
aura peut-être mieux servi la science qu'en
bâtissant de fragiles hypothèses ; qu'il est de
toute nécessité pour une science de connaître
sa propre histoire, que cela est nécessaire surtout en philosophie, où chaque système, en dé-
trônant les systèmes précédents, confond dans
une même ruine et le vrai et le faux ; que,
s'il est bon de découvrir des vérités nouvelles,
il ne faut pas cependant perdre les vérités déjà
découvertes ; que l'histoire de la philosophie, en rendant très-difficile la construction
d'un nouveau système, met par là un frein à
la témérité de l'esprit métaphysique ; qu'enfin les systèmes philosophiques ne sont pas
de pures fantaisies, qu'ils ont leurs raisons
d'être dans l'esprit humain, leur filiation naturelle, leurs conflits nécessaires, soumis à des
lois, et que l'étude et la découverte de ces lois
sont de la plus haute importance pour l'histoire de l'humanité et de la civilisation. En
voilà sans doute assez pour justifier l'histoire

de la philosophie, et d'aussi sérieux résultats
méritent bien que l'on ait consacré une tren-
taine d'années à les obtenir.

Mais comme les meilleures choses ont leurs
inconvénients, l'étude trop exclusive de l'histoire
de la philosophie n'a pas laissé que de produire
quelques regrettables résultats. Il est certain
que la nouvelle école à son origine avait beaucoup promis : elle semblait aspirer à une régé-
nération complète de la philosophie, à une
vaste synthèse où tous les besoins de l'humanité trouveraient leur satisfaction ; elle n'avait
pas toujours repoussé certaines hypothèses en-
gageantes et hardies, agréables à la liberté de
l'esprit. Lorsqu'on la vit peu à peu se refroidir,
s'assagir, invoquer de plus en plus le sens commun, partout fixer des limites plutôt qu'ouvrir
des issues, et enfin, reléguant au second plan
la philosophie dogmatique, se livrer aux recherches de la critique et de l'érudition, les impa-
tients passèrent peu à peu de l'admiration à
l'estime, de l'estime à la révolte. Ils voulaient
savoir le fond des choses, étudier les questions
en elles-mêmes, et on ne leur parlait plus que

de Platon et d'Aristote, de Leibniz et de Spinoza, de Reid et de Kant. Ils ne voyaient pas
que c'était là aussi une matière de toucher le
fond des choses, une préparation prudente et
salutaire à des entreprises plus difficiles; cette
méthode détournée ne leur semblait donner
qu'une satisfaction incomplète à la curiosité philosophique. En outre, de nouvelles générations
survenaient, moins disposées que les précédentes à l'enthousiasme et à l'admiration, n'ayant
vu d'ailleurs l'école spiritualiste qu'au gouver-
nement et non dans l'opposition. Un esprit
nouveau s'éveillait, l'esprit des sciences positives, qui se répandait avec une puissance
incalculable. En même temps un souffle venait
de l'Allemagne, qui, d'accord avec le génie du
moment, entraînait les âmes avides vers les
tentations décevantes du panthéisme. En un
mot, il est inutile de le cacher, l'école spiritualiste a subi depuis dix ou quinze ans un
échec des plus graves. Elle n'est plus la maîtresse de l'opinion : de toutes parts des objections, des critiques, des imputations justes
ou injustes, mais très-accréditées, s'élèvent

contre elle ; elle subit enfin une crise redoutable. Après tout, s'il ne s'agissait que d'une
école, on pourrait s'en consoler : nulle école
n'est éternelle ni absolument nécessaire, mais
il y a ici plus qu'une école, il y a une idée,
l'idée spiritualiste. C'est cette idée dont les
destinées sont aujourd'hui menacées par le
flot le plus formidable qu'elle ait essuyé depuis l'Encyclopédie, et qui emporterait avec
elle, selon nous, si elle devait succomber, la
liberté et la dignité de l'esprit humain.

Dans une crise aussi sérieuse, le spiritualisme
ne s'est pas abandonné lui-même, et il est
entré dans une phase nouvelle, que j'appellerai
la phase de la polémique. Sans doute, la polémique n'est pas absente des deux phases précédentes, surtout de la première ; mais elle
n'en est pas le caractère dominant, et elle y
est d'ailleurs plutôt agressive que défensive :
c'est le contraire aujourd'hui. Le spiritualisme
n'est pas en voie de faire des conquêtes, mais
il défend ses positions avec vigueur, et par une
polémique vigilante, éclairée et perçante, il
jette le trouble dans les ouvrages assez frà-

giles jusqu'ici de ses adversaires. Il porte à son
tour la guerre en pays ennemi, et fait aux
théories adverses les plus sérieuses blessures.
Le moment approche où ces théories auront
perdu l'un de leurs principaux charmes, la nouveauté. Quelques symptômes de lassitude se
font déjà sentir. L'heure est opportune pour
exposer nos raisons et renvoyer nos contradictions à nos contradicteurs.

Parmi les disciples de la jeune école spiritualiste, celui qui s'est le plus vivement peut-
être engagé dans cette polémique où M. Émile
Saisset, dans son *Essai sur la philosophie reli-*
gieuse, et M. Jules Simon, dans son livre sur
la *Religion naturelle*, avaient montré la voie
est M. Caro, déjà connu par un curieux écrit
sur Saint-Martin, et par des *Études morales*
sur le temps présent où se révélait un talent de polémiste des plus distingués. La polémique semble jusqu'ici la vraie vocation de
M. Caro : c'est le talent qu'il déploie surtout
dans son dernier livre *l'Idée de Dieu et ses*
nouveaux critiques, ouvrage qui a obtenu dans
le monde philosophique un succès brillant et

mérité (1). On doit le louer d'avoir choisi un
tel terrain pour se mesurer avec ses adversaires, car c'est l'idée de Dieu qui est le point
culminant de toute philosophie ; c'est celle-là
surtout qui occupe la première place dans
les débats philosophiques de notre temps.
Les uns la nient, les autres l'altèrent, ou la
décomposent et n'en gardent que ce qui
leur plaît ; d'autres encore l'éludent et lui in-
terdisent l'entrée de la science. Enfin l'idée de
Dieu est partout, même quand elle est absente,
car la taire est aussi une manière respectueuse
mais redoutable de la nier. Dans la lutte engagée contre ces divers contradicteurs, les armes
de M. Caro sont courtoises, fines, souples, élé-
gantes ; et, quoiqu'elles courent çà et là un
peu trop rapidement, elles savent cependant
aux bons endroits toucher juste et pénétrer.
Sa dialectique ne laisse échapper aucune
faute de ses adversaires, elle découvre les
feintes et profite du moindre faux pas. On
suit avec curiosité et sympathie un combat

_____

(1) 1 vol. in-8, librairie Hachette.

1.

mené avant tant d'adresse et de bonne grâce.
A la vérité l'ouvrage est en général plus critique que démonstratif. Cependant une solide
philosophie court à travers ces pages si vi-
vantes, et l'auteur se déploie librement dans
les questions les plus délicates et les plus élevées. Enfin une conclusion ferme et lumineuse
résume avec largeur, en les dégageant de tout
malentendu, les idées fondamentales du spiritualisme philosophique.

Dans ce livre que je goûte fort et que je
trouve en certaines parties excellent, il y a cependant, à mon gré, quelque chose de trop :
ce sont plusieurs pages, bien pensées d'ailleurs
et écrites avec modération, sur le dernier livre
de M. Renan. Ce n'est pas que j'interdise à la
philosophie de dire son opinion sur la question
que M. Renan a si vaillamment portée au tri-
bunal de l'opinion publique; mais il ne faut
pas mêler les problèmes d'ordre différent.
L'existence de Dieu est une question, la divinité
de Jésus en est une autre. Celle-ci appartient à
la science religieuse, celle-là à la philosophie.
La philosophie et la théologie ne doivent pas

cesser d'être distinctes, même n'admît-on pas de théologie révélée, à plus forte raison si l'on en admet une. La question que la philosophie pose et veut résoudre est celle-ci : peut-on, par la science et la raison, découvrir l'existence et la nature de Dieu ? Ne la compliquons pas, elle est déjà assez difficile. La philosophie spiritualiste, dans cette question, travaille pour son propre compte, et non dans un autre intérêt. Il ne faudrait pas laisser croire qu'elle ne fût qu'une avant-garde destinée à recevoir les premiers coups et engagée au service d'une autre puissance. Au reste, dans les débats compliqués et ardents qui s'agitent autour de nous, chacun prend la situation que lui indique sa conscience. Pour nous, nous séparons la philosophie de toute cause théologique, quelle qu'elle soit : nous tenions à faire cette remarque ; autrement on pourrait se tromper gravement sur le sens des critiques que nous croyons devoir adresser aux écoles nouvelles.

Ici, et dans l'ordre de la pure philosophie, nous sommes avec M. Caro dans la lutte qu'il engage contre ces écoles. Peut-être, en nous plaçant au point de vue de la critique, qui n'est pas toujours celui de la polémique, accorderions-nous davantage à la philosophie nouvelle ; peut-être serions-nous disposé à reconnaître qu'elle n'a pas eu tort sur tous les points, et qu'elle répond en partie à quelques besoins du temps, qui demandent satisfaction ; mais M. Caro est lui-même un esprit trop libéral et trop éclairé pour tout refuser à ses adversaires. Il a un sentiment très-vif et très-juste de la situation actuelle des questions, et l'on sent qu'il n'est pas disposé à se laisser renfermer à tout jamais dans un cercle infranchissable d'opinions convenues. Nul d'ailleurs parmi les spiritualistes ne comprend mieux les nouvelles idées, car rien ne familiarise avec la tactique et le jeu de ses adversaires comme d'être toujours en leur présence et de lier souvent partie avec eux. Ainsi nous avons bien tous un vague sentiment qu'il s'élève aujourd'hui une philosophie nouvelle, assez semblable à celle du xviiie siècle ; mais la nuance précise et fine qui caractérise cette philosophie et les nuances qui en distinguent les différentes branches échappent à beaucoup d'esprits peu familiers avec ces questions. M. Caro démêle toutes ces nuances avec souplesse et dextérité dans un livre qui nous donne en raccourci l'histoire philosophique de ces dix dernières années. C'est pour nous une occasion heureuse et naturelle d'exposer nous-même, à un point de vue assez peu éloigné de celui de M. Caro, les principaux débats de la philosophie contemporaine en France.

I

LA PHILOSOPHIE DE M. TAINE.

Il n'y a pas de commencement absolu dans les choses humaines, et il serait difficile de déterminer d'une manière rigoureuse à quel moment par exemple est né le nouveau mouvement d'opinion qui appelle à tant de titres l'attention de la critique philosophique. Cependant, pour fixer les idées, et sans attacher à une date plus d'importance qu'elle n'en mérite, on peut dire que la crise où nous sommes est devenue publique, intéressante pour tous, et a saisi l'opinion à peu près avec les premiers ouvrages de deux brillants esprits, M. Renan et M. Taine. C'est surtout le second qui, par son livre des *Philosophes français au dix-neuvième siècle*, a porté devant le public le procès actuel. Ce

livre spirituel et moqueur, où quelques bonnes
objections se mêlent à trop de personnalités et
trop à une philosophie peu nouvelle, manque
souvent de la sévère impartialité du critique et
du juge. Cependant il eut un assez grand succès : d'une part, il satisfaisait certaines ran-
cunes qu'une puissance trop prolongée finit
toujours par provoquer contre soi; en second
lieu, il levait le drapeau contre une école que
les uns jugeaient rétrograde, et que les autres
commençaient à trouver un peu immobile.

Si, dans le livre des *Philosophes français*,
on écarte tous les accessoires, par exemple la
peinture des personnages, les appréciations
littéraires (souvent excellentes), les plaisante-
ries d'un goût équivoque, les descriptions pit-
toresques, toutes choses qui rendent l'ouvrage
piquant et intéressant, mais qui ne touchent
pas au fond des questions, on peut ramener
toute la polémique de l'auteur à quatre objections principales, une par philosophe : vous avez
ainsi les objections *Royer-Collard*, *Maine de
Biran*, *Cousin* — et enfin l'objection *Jouffroy*. A
ces quatre objections ajoutez-en une cinquième,

plus générale, qui est dirigée contre l'école tout
entière, et voilà toute la partie critique de la
philosophie de M. Taine. Mais il ne se contente
pas de critiquer, il corrige, et à la place des
idées qu'il croit détruire, il propose les siennes
propres. Comme l'une de ses principales objections est que l'école qu'il combat n'a rien inventé, il se doit à lui-même d'inventer quelque
chose. Il s'y met de très-bonne foi, et il donne
même à M. Jouffroy une leçon d'invention. Or
si nous recueillons, soit dans ses *Philosophes
français*, soit dans ses autres écrits, les idées,
nouvelles selon lui, qu'il a présentées, nous
croyons qu'on peut à peu près les réduire à
six. En psychologie, il a inventé : 1° que la perception extérieure est une hallucination vraie ;
2° que l'entendement se compose de deux opérations, l'addition et la soustraction, et que
c'est par la soustraction que nous concevons
les vérités nécessaires. En métaphysique, il a
inventé : 1° que la cause n'est autre chose que
la loi; 2° que les éléments primordiaux des
choses sont au nombre de trois, à savoir, la
quantité abstraite, la quantité concrète et la

quantité supprimée. En morale, il a inventé
que le bien d'un être est la somme des faits
principaux qui le constituent. Enfin, en littérature, il a inventé le système si connu de la
faculté maîtresse. Telles sont des six inventions de M. Taine, lesquelles, jointes à ses cinq
objections, composent jusqu'ici son budget
philosophique.

L'objection générale dirigée contre toute
l'école spiritualiste est que cette école n'a jamais eu en vue la vérité elle-même, mais
qu'elle a toujours dirigé ses recherches dans
un intérêt moral préconçu. Elle a soutenu les
idées absolues du vrai, du beau et du bien
parce que c'est moral, l'existence de Dieu parce
que c'est moral, la volonté libre parce que
c'est le fondement de la morale. Elle a combattu le panthéisme comme contraire à la morale, le scepticisme parce qu'il est immoral
de ne rien croire. Elle a pour fondateur Royer-
Collard, chrétien et royaliste, qui croyait combattre la révolution et sauver la morale en
combattant le sensualisme du dernier siècle.
Maine de Biran a fini par le mysticisme, ce qui

prouvé à quel point la morale le préoccupait.
Jouffroy n'a jamais eu d'inquiétude que pour
le problème de la destinée humaine, qui est
la plus haute des questions morales. Enfin
M. Cousin ne cesse de réfuter les doctrines par
leurs conséquences morales, argument contraire, suivant M. Taine, à tout esprit scientifique, car on doit considérer les choses en
elles-mêmes, sans se préoccuper des conséquences, qui seront ce qu'elles pourront être.
D'après cette manière de voir, la philosophie
n'est plus une recherche, c'est une cause; elle
n'est plus une science, c'est une foi.

Qu'il y ait une certaine part de vérité dans
cette critique, je n'en disconviens pas; mais
combien aussi d'exagération et de prévention,
on le verra aisément. Quoi de plus étrange,
par exemple, que de nous représenter Royer-
Collard combattant la révolution française sur
le terrain de la perception extérieure, et, pour
sauver la société, rétablissant la réalité des
corps? C'était là, il faut l'avouer, un chemin
singulièrement détourné pour arriver au but.
Le scepticisme à l'égard du monde matériel n'a

rien à voir avec la politique ni avec l'ordre de la
société. Hume, le plus grand sceptique, était con-
servateur, et, dit-on, jacobite. Berkeley l'idéaliste était évêque. L'oratorien Malebranche,
qu'on n'a jamais appelé un révolutionnaire,
pensait assez mal à l'égard de la matière. Enfin
je n'ai jamais entendu dire que les révolution-
naires de 93 aient mis en doute l'existence des
corps. Si Royer-Collard a cru devoir réfuter la
doctrine de Condillac et de Hume, c'est qu'elle
lui paraissait fausse; je n'en vois pas d'autre
raison. De même combien ne faut-il pas être
prévenu pour voir dans Maine de Biran un
homme préoccupé de morale et rétablissant
l'idée de la force libre dans un intérêt pratique?
Rien n'est plus contraire au génie de Biran, le
spéculatif par excellence. On voit que M. Taine
est embarrassé d'expliquer comment il se fait que
M. de Biran, qui avait eu le bonheur de naître sensualiste, ne s'en est pas tout simplement tenu là;
il paraît donc que le sensualisme ne suffit pas à
tout le monde. Il est devenu mystique, dites-vous.
Je le veux bien; mais le mysticisme n'est-il pas
précisément la foi des spéculatifs? Est-ce dans

un intérêt pratique que l'on devient mystique ? Enfin ce n'est là qu'un accident individuel, qui ne touche pas à l'école entière, car en général elle ne pèche pas par le mysticisme. Jouffroy est celui de tous qui s'est le plus occupé de morale ; mais quoi ! n'y aura-t-il plus de moraliste désormais, et la science morale disparaîtra-t-elle de la philosophie? ou bien le vrai moraliste doit-il absolument être de l'avis de Bentham ou d'Helvétius ? Comment peut-on accuser de sacrifier la science à la pratique l'homme qui a osé prononcer cette parole hardie, qu'un fanatisme absurde a si étrangement calomniée : «Le problème de l'âme, dans l'état actuel de la science, est un problème prématuré! » Enfin M. Cousin, dans sa critique de Locke, dans sa critique de Kant, dans les arguments de Platon, dans ses fragments, a prouvé que l'intérêt scientifique l'a préoccupé au moins autant que l'intérêt pratique. Ne peut-on pas dire d'ailleurs à M. Taine: « Si vous faites à ces philosophes un procès de tendance, de quel droit leur interdiriez-vous de vous en faire un également? Vous dites que, s'ils soutiennent telle philosophie, c'est dans l'intérêt de la morale: qui les empêchera de vous dire que c'est par haine pour la morale que vous soutenez vous-même telle philosophie? Les théologiens, vous le savez, ne se font pas faute de cet argument; pour moi, je le déclare détestable, et j'aurais honte de m'en servir. Je suppose que la seule règle de vos raisonnements, c'est le désir de voir clair dans vos idées : veuillez donc supposer la même chose de ceux qui ne pensent pas comme vous. »

J'ajouterai une observation qui mériterait de longs développements. M. Taine me paraît trancher ici avec beaucoup de légèreté une question des plus délicates et des plus élevées : la philosophie n'est-elle qu'une science comme une autre, une recherche, une analyse, une critique ? A d'autres points de vue, n'est-elle pas aussi une doctrine, une croyance, une foi? Est-il possible d'assimiler entièrement la philosophie et la chimie ? n'y a-t-il pas pour le philosophe quelque chose de plus ? Sans prétendre, comme l'ont cru les saint-simoniens, que la philosophie puisse devenir une religion publique et organisée, est-

il possible qu'elle ne passe point chez les philosophes sérieux à l'état de croyance et de
règle? Ce phénomène ne s'est-il pas produit
dans toutes les grandes écoles de philosophie,
chez celles-là mêmes où il paraîtrait le moins
naturel? La doctrine épicurienue chez Lucrèce
ne ressemble-t-elle pas à une sorte de religion?
Ne dirait-on pas aussi justement la foi stoïcienne
que la foi chrétienne ? Le platonisme n'est-il
pas devenu une foi chez les alexandrins? Chez
les cartésiens, cette transformation n'a pas eu
lieu, parce qu'à côté de la recherche philosophique se trouvait chez eux la foi chrétienne.
Cependant on remarque dans l'école de Spi-
ncza quelque chose de semblable. Le panthéisme allemand a été à coup sûr une foi
pour Goethe, pour Novalis, pour Schleier-
macher. Kant, après avoir tout détruit par la
critique, avait rétabli tout un système de
croyance sur l'idée du devoir, et ce grand spéculatif résumait toute la philosophie dans ces
mots: que sais-je? que dois-je ? que puis-je espérer ? Or toutes ces questions ont rapport à la
destinée humaine. Les athées et les sceptiques

du XVIIIᵉ siècle avaient une foi : ils croyaient aux destinées de l'humanité et de la civilisation. Il suit de ces faits que la philosophie n'est pas seulement une science et une recherche, mais qu'elle est une doctrine et une foi. Nos pensées ne servent pas seulement à nous éclairer, mais encore à nous guider. On dit que c'est abaisser la spéculation que d'en faire un guide pour la vie; mais on ne voit pas que c'est relever la vie que de la faire gouverner par la pensée. Si la pensée ne descend pas dans la vie, celle-ci n'aura donc pour guides que l'instinct, la routine ou la foi. A la vérité, la foi philosophique pas plus que la foi religieuse, ne doit devenir un obstacle à la libre recherche ; mais la libre recherche ne doit pas imposer à l'homme une absolue indifférence sur ce qui l'intéresse le plus au monde, et l'empêcher de tourner en croyances les vérités sur lesquelles la science n'apporte qu'une lumière incomplète. Ce n'est que dans l'absolu que la science et la foi pourraient se confondre ; jusque-là, on ne doit pas trancher le conflit en sacrifiant l'une ou l'autre. Nous ne pouvons d'ailleurs tout dire sur cette question, l'une des plus grandes du siècle, et sur laquelle M. Taine paraît glisser avec une juvénilité bien superficielle. Il faut passer à quelques objections plus particulières, car leur donner à toutes le développement qu'elles mériteraient, ce serait faire un traité complet de philosophie. On est donc obligé de se borner à l'essentiel.

M. Taine combat la théorie de la perception extérieure dans Royer-Collard, la théorie de la raison dans M. Cousin, la théorie de la volonté libre dans Maine de Biran, la théorie de l'ordre moral dans Jouffroy. Je ne lui en veux point d'avoir critiqué ces diverses théories, qui peuvent laisser à désirer ; je lui en veux de la manière dont il les critique. Je concevrais aisément une critique qui, accordant ce qu'il y a de vrai dans ces théories, essayerait d'aller plus loin, de voir plus clair, de préciser davantage, en un mot une critique qui aurait pour but de marcher en avant et non de rétrograder. M. Taine a employé une méthode plus facile et plus expéditive, mais aussi tout à fait stérile. Se fiant sur l'ignorance du public, il a repris sim-

plement toutes les thèses de l'école condillacienne, telles qu'on les exposait il y a quarante
ans ; il a supposé que les doctrines qu'on leur
a substituées sont absolument fausses, qu'elles
sont vices de sens et qu'il n'en doit rien rester
dans la science. Alors voici mon doute, et où je
cesse de comprendre. Si les doctrines spiritualistes sont si fausses, et les doctrines condilla-
ciennes si vraies, pourquoi donc celles-ci ont-
elles succombé ? Pourquoi s'en est-on lassé pour
se jeter dans le vide des idées platoniciennes ?
Comme a-t-on renoncé à ce qui était si clair,
si évident, si démontré ? Vous expliquez cela
par la réaction monarchique et religieuse de la
restauration ; mais avec ces procédés d'interprétation ne pourra-t-on pas expliquer le
succès actuel de vos idées par une recrudes-
cence du mouvement athée et révolutionnaire ?
Vous nous renvoyez à la réaction, on vous ren-
verra à la démagogie ; nous voilà bien avancés!
Allez au fond des choses et reconnaissez que si
les idées de Condillac ont succombé, c'est
qu'elles étaient insuffisantes. Nous vous accor-
derons, si vous voulez, que les nôtres le sont

également, car qui prétend posséder la science
absolue? Mais, au nom du ciel, ne nous ra-
menez pas en arrière sous prétexte de progrès;
que la philosophie ne donne pas ce triste spectacle de revenir sans cesse sur ses pas et de ne
se mouvoir qu'en cercle !

Voyez par exemple! vous critiquez la théorie
de la perception extérieure des Écossais, et il
y aurait en effet bien des choses à dire à ce
sujet; mais tout ce que vous imaginez, c'est de
reprendre la théorie des idées-images, théorie
aussi vaine qu'inutile. Et quel est votre argument? C'est que dans la mémoire et l'imagination les idées sont de véritables images des
objets absents; vous en concluez qu'elles sont
également des images, quand les objets sont
présents. Qui ne voit le vice d'un semblable raisonnement? De ce que, dans l'absence d'un
objet, l'idée que j'en ai est une véritable
image de cet objet, comment conclurais-je que
cette idée est encore une image quand l'objet
est présent? Qu'ai-je besoin d'image devant
l'objet même? Sans doute, dans la perception,
il y a une représentation de l'objet (et qui l'a

jamais nié?) ; tout ce qu'ont voulu dire les
Écossais, c'est qu'entre la perception et l'objet,
il n'y a rien, que la perception est l'acte dans
lequel le sujet et l'objet s'unissent sans intermédiaire, et cela est d'une absolue vérité.

Cette théorie des idées-images que M. Taine
ressuscite si mal à propos l'entraîne à la plus
étrange définition de la perception extérieure.
« La perception extérieure, dit M. Taine, est
une hallucination vraie » ; mais comme l'hallucination est par définition une représentation
fausse, comment pourrait-elle être vraie sans
cesser par cela même d'être une hallucination?
Voulez-vous dire simplement que le même objet, non réel dans l'hallucination, est réel dans
la perception? C'est ce qui est trop évident.
Voulez-vous dire que de part et d'autre il n'y
a dans l'esprit qu'une conception, que le seul
objet de la pensée est toujours une idée dans
l'un et dans l'autre cas? Alors comment savez-
vous que dans un cas l'idée correspond à quelque chose de réel, et dans l'autre, non? La
perception sera donc non pas une hallucination
vraie, mais purement et simplement une hallu-

cination, dont on ne saura jamais si elle est
vraie ou si elle est fausse. Rien de plus contraire d'ailleurs à la vraie psychologie que
d'expliquer la perception par l'hallucination,
car celle-ci n'est qu'un phénomène dérivé de
celle-là. J'ai des perceptions avant d'avoir des
hallucinations, et sans perception point d'hallucinations possibles, car les aveugles-nés, que
je sache, n'ont point d'hallucinations de la vue.
Les visions du sommeil, si semblables aux hallucinations, sont toutes empruntées aux perceptions de la veille; M. Maury en a donné des
preuves nombreuses dans son curieux ouvrage
sur *le sommeil*. Ainsi la perception est un phénomène primitif, l'hallucination un phénomène
dérivé. Expliquer le premier par le second est
une faute de méthode qui trahit l'irréflexion,
l'empressement d'affirmer, la séduction exercée
sur notre esprit par une formule plus ou moins
heureuse dont nous nous croyons les inven-
teurs.

Sur la plupart des autres points où M. Taine
combat les doctrines spiritualistes, on peut
faire les mêmes remarques. Partout il substitue

purement et simplement la doctrine condillacienne et sensualiste à la doctrine qu'il repousse.
Celle-ci soutient-elle qu'il y a des idées qui ne
viennent pas des sens, ni directement ni indi-
rectement : M. Taine se contente de dire avec
Condillac et Locke que ces prétendues idées
innées se tirent des idées sensibles par le
moyen de l'analyse et de l'abstraction. L'école
spiritualiste soutient-elle qu'il y a des causes et
des substances : M. Taine reprend la vieille
thèse de Condillac et de Hume, il affirme
qu'une substance est une collection de phénomènes, et qu'une cause est une relation de
phénomènes. L'école de Maine de Biran assure-
t-elle qu'il y a dans l'homme autre chose que la
sensation, à savoir une volonté, une puissance
d'effort et d'action qui fait jaillir les phénomènes de son sein, et qui est ainsi le principe de
la responsabilité et de l'imputabilité morale,
M. Taine enseigne avec Hume que la volonté
n'est elle-même qu'un phénomène et non une
puissance, un effet et non une cause. Jouffroy
enfin essaye-t-il de prouver que la distinction
du bien et du mal suppose un certain ordre

2.

absolu, c'est-à-dire une coordination des fins à
laquelle toute créature rationnelle et libre est
tenue de coopérer : M. Taine, reprenant la
vieille thèse des écoles empiriques (seulement
en l'exposant d'une manière beaucoup plus
vague), nous dit que le bien d'un être est la
somme des faits principaux qui constituent sa
nature, et il explique par là, si l'on veut, comment chaque être recherche son propre bien ;
mais il échoue entièrement lorsqu'il s'agit d'expliquer pourquoi il est tenu de faire le bien
d'autrui. En un mot, dans toutes ces thèses,
M. Taine ne montre aucune invention ni aucune
originalité, il reprend toutes les questions exactement dans les mêmes termes où on les posait
il y a cinquante ans, sans se soucier le moins
du monde des raisons, après tout assez sérieuses, il me semble, pour lesquelles on avait
abandonné toutes ces solutions.

Sans vouloir résumer toutes ces discussions,
qui ne sont rien moins que la métaphysique
tout entière, signalons seulement le point capi-
tal. M. Taine, avec tout le chœur des philosophes empiriques et sceptiques, ne veut ad-

mettre ni cause ni substance. Un groupe de
phénomènes, voilà la substance ; une relation
de phénomènes ou une loi, voilà la cause. Et
réduisant, comme Descartes, tous les objets à
deux classes, il ne voit dans la nature que « des
groupes de mouvements et des groupes de pensées ». Mais au risque de me faire ici l'écho du
docteur Reid, de même que M. Taine se fait
l'écho de Condillac, j'avoue que je ne puis
comprendre ce que c'est qu'un groupe de mouvements. J'adjure, non pas M. Taine, qui a là-
dessus pris son parti, mais ceux qui veulent
bien me lire, de se demander s'ils peuvent concevoir un mouvement *sans quelque chose* qui
se meut. Que l'on ne dise pas : Ce qui se meut,
ce sont des couleurs, des sons, des odeurs,
c'est-à-dire un groupe de phénomènes, car tous
ces phénomènes ont été par hypothèse réduits
au mouvement seul. Or, quand je conçois un
mouvement, je conçois une chose, quelle
qu'elle soit, qui se meut. Cette chose n'est pas
« un petit être spirituel », caché sous les phénomènes, comme sous des vêtements ; c'est
l'être même, spirituel ou non, dont les phéno-

mènes sont les apparitions, les manifestations.
De même que je ne comprends pas un mouvement sans quelque chose qui se meut, je ne
conçois pas davantage une pensée sans *quel-*
qu'un qui pense, et ce quelqu'un n'est pas un
groupe de pensées, car chacune de ces pensées, inexplicable sans un sujet, ne devient pas
plus claire par son rapport avec d'autres pensées aussi inexplicables qu'elle-même. Cette
condition fondamentale du *quelque chose* ou
du *quelqu'un* sans lequel je ne puis concevoir
soit un mouvement, soit une pensée, est ce
que j'appelle la substance. C'est de la même
façon que mon esprit se refuse à confondre la
cause et la loi. Une loi n'est qu'une relation de
phénomènes. Cette loi ne peut pas faire que
les phénomènes soient, elle est seulement le
mode suivant lequel ils sont ; mais qu'un phénomène commence à être, c'est-à-dire sorte du
néant, c'est ce qui ne m'est pas suffisamment
expliqué par la loi qui le régit, c'est-à-dire par
la relation constante qui l'unit à tel autre phénomène antécédent. Comme l'a dit ingénieu-
sement le docteur Reid (qui n'est pas un phi-

losophe aussi naïf que le prétend M. Taine),
le jour et la nuit se succèdent constamment,
et par conséquent suivant une loi de périodicité
incontestable. Cependant jamais personne n'a
pensé que la nuit fût la cause du jour, ni le jour
de la nuit. Supprimer toute idée de puissance et
d'activité, c'est multiplier indéfiniment les mi-
racles. L'apparition de chaque phénomène est
un miracle ; c'est une succession indéfinie de
générations spontanées. Dire que chaque phénomène s'explique par le précédent, c'est confondre la raison suffisante avec la causalité.
Enfin, sans quelque puissance active, rien ne
serait, car selon le mot de la scolastique, le
néant ne peut rien produire ; mais, arrivée à
ces dernières idées, qui sont le fond de toute
raison humaine, et qui ne peuvent se ramener
à d'autres, la métaphysique est désarmée, car
il suffit que quelqu'un vienne dire : Je n'ai pas
besoin de telles idées, pour qu'il soit impossible de lui prouver qu'il en a besoin. De telles
idées ne peuvent se prouver, puisqu'elles sont
premières. Notre seule ressource est d'en appeler à une raison désintéressée, non à celle

qui fait les systèmes, mais à celle qui les juge,
et, en dernière analyse, à ce que Descartes appelle le bon sens, « c'est-à-dire à cette puissance de discerner le vrai d'avec le faux, qui
est, dit-il, naturellement égale chez tous les
hommes ».

Quant à la théorie de la raison, ou des idées
à priori empruntées à Kant par l'école française, et que M. Taine combat avec une grande
subtilité, je ferai d'abord observer qu'il exa-
gère et dénature cette théorie, en la confon-
dant avec la *vision en Dieu* de Malebranche.
Ces deux théories ne sont pas solidaires l'une de
l'autre.

Je puis très-bien admettre des idées universelles et nécessaires sans les voir en Dieu.
Kant les a admises, il est vrai, comme de sim-
ples lois de l'entendement; mais enfin il les a
reconnues et démontrées sans y voir des idées
divines. Je puis aller plus loin que Kant et
croire que de telles idées correspondent à certains objets en dehors de moi, sans savoir si
elles me viennent de Dieu, et surtout sans
prétendre qu'elles soient Dieu lui-même. La

seule question pour la psychologie est de savoir
s'il y a de telles idées en nous: la métaphysique pourra aller plus loin et nous apprendra,
si elle le peut, d'où elles nous viennent.

La théorie de la raison consiste à dire qu'il
y a dans l'esprit certaines notions universelles
et nécessaires; que toute expérience ne donnant
jamais que des faits particuliers et contingents,
il faut expliquer par une autre faculté que l'expérience ces notions universelles et nécessaires. Or, ici, la question n'est pas tant de savoir s'il y a des facultés différentes, que s'il y a
des idées différentes entre elles et irréductibles.
Tout revient à décider si l'infini est une modi-
fication du fini, le nécessaire du contingent,
l'universel du particulier. C'est l'opposition en
apparence irréductible de ces termes qui a
conduit les philosophes à supposer deux facultés différentes. Admettez d'ailleurs que ces
termes soient perçus ou connus de la manière
qui vous conviendra, peu importe : car, après
tout, c'est toujours le même entendement qui
perçoit toutes choses. Mais le nécessaire est-il
la même chose que le contingent, et l'infini

que le fini : voilà la vraie question. Or, cette
question ainsi posée me paraît à peine effleurée
par M. Taine.

A-t-il le moins du monde affaibli et effacé
cette distinction si lumineuse et si manifeste
des vérités contingentes et des vérités nécessaires. « Il pleut » ; voilà, par exemple, une vérité
contingente ; il pourrait ne pas pleuvoir ; je ne
sais pas pourquoi il pleut : le fait seul m'est
donné dans l'expérience ; je ne puis affirmer
que ce fait. A la vérité, si je suis fataliste, je
puis bien dire que tout accident est nécessaire,
et qu'il est impossible qu'il n'arrive pas ; mais
c'est à la condition que j'aie obtenu déjà par
quelque autre moyen l'idée du nécessaire. Or,
cette idée n'est pas contenue dans le fait particulier qui est devant mes yeux. Au contraire,
une proposition de géométrie est absolument
nécessaire, en tant que le contraire implique
contradiction ; et si je suppose le monde gou-
verné par des lois fatales et irrésistibles, c'est
que je cherche à l'expliquer par analogie avec
la géométrie. Il y a donc du nécessaire et du
contingent ; que l'on explique ensuite comme

on voudra l'acquisition de l'idée nécessaire ; le principal est de savoir si nous l'avons, et non pas comment nous l'avons. Appelez cette opération, si vous le voulez, abstraction : M. Cousin lui-même l'a appelée abstraction immédiate. Ce qui est évident, c'est que l'idée d'un phénomène particulier est essentiellement différente d'une idée nécessaire et absolue dont le contraire est impossible.

Allons un peu plus loin, et voyons de quelle manière M. Taine explique l'origine des idées nécessaires et universelles. Il y a, suivant lui, dans l'esprit humain, deux procédés essentiels, l'abstraction et la soustraction ; l'un qui ajoute, l'autre qui supprime. On n'expliquera pas, dit-il, le nécessaire et l'infini par l'addition : car on a beau multiplier le fini, on n'aura jamais que du fini ; multiplier du contingent, on n'aura que du contingent ; mais ce qu'on n'obtient pas par l'addition, on l'obtient par la soustraction. Retranchez dans le fini et le contingent les éléments particuliers, il reste l'infini et le nécessaire.

Voyons l'application de cette méthode à

l'idée d'espace infini. Prenez, par exemple, une
certaine étendue particulière ; elle est finie ;
mais retranchez-en tout ce qui la détermine
et la caractérise, il restera une étendue quelconque, qui sera semblable à toute autre étendue quelconque ; or, dans cette étendue
quelconque toutes parties sont absolument semblables entre elles. Prenons donc une de ses
parties : arrivé à sa limite, vous apercevez une
autre partie qui la continue. Mais la limite de
cette autre partie est d'après ce qu'on vient de
dire, absolument semblable à celle de la
première ; vous devez donc concevoir une troisième partie qui continue la seconde et la pro-
longe au delà de l'espace que vous avez considéré d'abord..... Vous avez ainsi la loi suivante :
« toute étendue limitée peut être continuée par
une seconde étendue limitée. » La même analyse s'appliquant à la seconde étendue comme
à la première, il s'ensuit que toute étendue
peut être continuée par une autre étendue ; ce
qui est la notion de l'espace infini.

Dans cette analyse, qui est certainement ce
que M. Taine a écrit de plus ingénieux et de

plus spécieux en philosophie, je trouve les vices
de raisonnement suivants : de ce que, prenant
une partie j'aperçois qu'elle est continuée par
une autre, je dois conclure, dites-vous, que
toute partie (étant semblable à la première par
hypothèse) peut aussi être continuée. Mais ne
voyez-vous pas que vous opérez ici précisément
ce qui est en question, à savoir le passage du
contingent au nécessaire, du fait à la loi ? C'est
un fait d'expérience que telle partie d'étendue
est continuée par une autre : c'est une loi ra-
tionelle et logique qu'une partie quelconque
d'étendue ne peut pas ne pas être continuée par
une autre. Si je n'ai que des faits, je ne puis
pas affirmer qu'il ne viendra pas un moment
(au delà des limites de toute expérience) où
votre loi sera contredite, de même que je
ne puis pas affirmer que la loi de Newton
s'applique nécessairement au delà du monde
solaire. Voilà un exemple frappant de la différence de ces deux lois. Si l'une et l'autre sont
obtenues par l'analyse des faits, pourquoi l'une
souffre-t-elle la possibilité d'une exception, et
d'une limite, tandis que l'autre est absolue?

Dire que je dois affirmer de toute partie d'é-
tendue ce que j'ai affirmé de la première,
c'est avancer ce qui est en question. Car de la
première, je dis qu'elle est continuée parce
que je le vois; mais de toute autre je l'affirme
parce que je le conçois nécessairement.

Une autre faute de raisonnement c'est de dire
que toutes les parties d'un espace fini sont semblables entre elles. Car cela n'est vrai que d'un
espace infini. Dans un espace fini, les parties
limitantes ne sont pas semblables aux parties internes. Celles-ci sont liées aux autres d'une
manière continue; les premières sont, par hypothèse, séparées des parties voisines, puisque
vous les avez circonscrites dans le tout qui les
entoure. En outre, ces parties limitantes ont
une figure différente des parties internes; dans
un triangle, les parties d'espace contenues
entre les angles sont des angles, les parties
internes n'ont pas de figure. On ne peut donc
conclure logiquement des parties internes aux
parties limitantes. Les premières sont nécessairement continuées par cela seul qu'elles
sont internes et forment ensemble un tout con-

tinu qui est la figure considérée. Mais il ne s'ensuit pas que les parties limitantes forment nécessairement un tout continu avec celles qui les avoisinent; puisque, par hypothèse, elles en sont séparées. Nous ne pouvons affirmer cette continuité indéfinie, que par l'expérience, ou par la raison pure ; mais par l'expérience, je ne puis aller que jusqu'à une certaine limite, M. Taine le reconnaît. Reste que ce soit la raison. Quant à l'analyse et à l'abstraction, elles sont absolument impuissantes.

En ne voyant dans M. Taine qu'un disciple attardé de Condillac, lui avons-nous rendu suffisamment justice ? On le considère plus généralement comme un interprète des idées allemandes et de ce que l'on appelle les idées panthéistes ; il passe et se donne volontiers lui-même pour un disciple d'Hegel et de Spinoza : il semble avoir l'ambition de réconcilier Hegel avec Condillac où Mill (1), et la philosophie idéaliste du XIXᵉ siècle avec la philosophie empirique et sensualiste du siècle der-

(1) Voyez le *Positivisme anglais*, étude sur Stuart Mill publiée dans la *Bibliothèque de philosophie contempoarine*.

nier. C'est là une entreprise des plus difficiles.
Le principe fondamental de la philosophie de
Hegel (et en cela elle est toute platonicienne), c'est que le général existe avant le
particulier, qu'il en est le fondement et pour
ainsi dire la substance. La science n'est que la
déduction à priori de tout ce qui est contenu
dans l'idée de l'être. La seule méthode scientifique est la méthode spéculative, celle qui se
place d'emblée dans l'absolu, et qui, partant
d'une première intuition, descend, par une
série d'antinomies et de synthèses, du général au particulier, de l'abstrait au concret,
d'après des lois nécessaires. Dans cette philosophie, la science expérimentale ne doit être
que la servante de la science spéculative, la
nature doit se soumettre aux arrêts de la dialectique ; l'*idée* est le principe universel dont les
choses ne sont que les manifestations. Là philosophie qui ne voit rien au delà des faits, est
donc radicalement contraire à la philosophie
hégélienne. Or qu'est-ce que le condillacisme,
même après les corrections de M. Mill ? C'est
précisément la philosophie empirique dans ce

qu'elle a de plus exclusif et de plus étroit, car
la seule chose réelle et certaine pour le condil-
lacien, c'est la sensation au moment où elle est
sentie. C'est de ce principe si fragile, si fugitif,
si mobile, qu'il faut faire sortir toutes les lois
du monde visible et du monde invisible, les
substances, les causes, les droits et les de-
voirs, et enfin le principe suprême, l'être absolu. Condillac et son école expliquent ce passage, si difficile à franchir, par l'abstraction et
la généralisation : c'est au moyen de l'analyse
et de la comparaison des faits que nous passons
du concret à l'abstrait et du particulier au général ; mais on a démontré surabondamment
qu'une telle méthode ne peut conduire à aucune vérité absolue. Dans ce système, il n'y a
que des vérités générales, d'une vraisemblance
proportionnée au nombre des faits observés.
Je ne juge pas cette philosophie, qui a été
souvent discutée ; je me contente de dire
qu'elle est radicalement le contraire de la philosophie hégélienne. Dans celle-ci, le général est
immédiatement donné à l'esprit par l'intuition ;
et les déterminations ultérieures sont décou-

vertes à priori par la raison. Dans celle-là, le
général n'est que la somme des faits particuliers, et l'abstrait qu'une partie ou un point de
vue de ces mêmes faits.

Maintenant, l'idée précise de ces deux philosophies étant bien fixéé, comment M. Taine s'y
prend-il pour réconcilier l'une avec l'autre?
C'est ce qu'il nous est jusqu'ici impossible de
deviner. Que dit en effet M. Taine? Qu'il n'y a
rien de réel que le phénomène, que le commencement de toute science est la sensation.
Fort bien; mais avec qui sommes-nous ici?
Avec Spinoza et Hegel, ou bien avec Condillac,
de Tracy, Cabanis, tous les maîtres de l'école
idéologique, y compris Mill que M. Taine a si
bien analysé? Avec ceux-ci certainement; les
premiers sans doute viendront plus tard. Il est
vrai que M. Taine reproche à Mill et à l'école
condillacienne de ne pas avoir aperçu le rôle et
l'importance de l'abstraction. J'avoue que je
suis étonné d'un tel reproche : aucune école,
plus que l'école empirique, n'a fait la part de
l'abstraction dans l'analyse de la connaissance.
Toutes les notions qui pour Kant et Hegel,

sont des notions absolues, sont pour Condillac et son école des notions abstraites. En
outre, l'idée que M. Taine se fait de la définition est exactement celle de l'école empirique :
c'est l'opération par laquelle l'esprit ramène
une série de faits à un fait premier, dont les
autres ne sont que la transformation et le développement. Laromiguière ne parle pas autrement. Je ne vois donc jusqu'ici dans M. Taine
qu'un disciple de Condillac et de Laromiguière,
non de Hegel, quoi qu'il puisse prétendre.

Il est vrai que M. Taine nous dit qu'une fois
en possession de ces idées abstraites, on est en
quelque sorte dans un monde idéal, adéquat au
monde sensible, mais qui en est la simplification
et la réduction, et que l'on peut alors traiter
avec les idées au lieu de traiter avec les
choses. C'est ici sans doute, dans cette opération ultérieure et toute logique, que M. Taine
compte placer plus tard ce qu'il empruntera
à l'école hégélienne ; mais il ne nous a donné
encore que l'esquisse la plus vague de cette
sorte de métaphysique, et, autant que je
puis la comprendre, je ne vois là jusqu'à

présent qu'une doctrine toute condillacienne
et non hégélienne. Suivant Condillac, l'esprit, une fois en possession des idées abstraites et les ayant représentées par des signes, peut opérer sur ces signes comme sur
les choses mêmes, sans avoir besoin de recourir de nouveau à l'observation : il peut com-
biner ces signes, les transformer, les décom-
poser, exactement comme on fait en algèbre ;
le raisonnement n'est plus qu'un calcul. Or
cette opération tout abstraite qui va de signe
en signe en toute sécurité, parce qu'elle sait
que le signe pourra toujours se transformer en
chose quand nous le voudrons, cette opération
me paraît être celle que M. Taine nous décrit
comme devant être la métaphysique tout entière. N'est-ce pas là, sans aucun mélange,
sans aucune addition, la métaphysique de Condillac ?

Si de la métaphysique de M. Taine nous
passons à sa philosophie littéraire, il est impossible de ne pas voir à quel point cette philosophie est, comme on disait autrefois, sensualiste, et combien peu hégélienne. A la vé-

rité, M. Taine avait d'abord proposé un crite-
rium littéraire qu'il mettait à l'abri du nom de
Spinoza : c'était ce qu'il appelait la faculté maîtresse. Il y avait, suivant lui, dans chaque
écrivain une faculté dominante, qui par toute
sorte de transformations expliquait l'homme
tout entier, sa personne, son talent et ses
œuvres. Un tel système ne pouvait toutefois
tenir longtemps devant l'application. Il n'y a
pas assez de facultés dans l'esprit humain,
même en descendant jusqu'aux plus secondaires, pour expliquer cette innombrable va-
riété de talents qui illustrent l'histoire des litté-
ratures. Déjà même quelques-unes faisaient
double emploi, et M. Taine avait été obligé de
recourir à la même, à la *faculté oratoire*, pour
expliquer deux personnages qui ne se ressem-
blent guère, Tite-Live et M. Cousin. Dans
d'autres cas, l'explication était tellement générale qu'elle équivalait à une défaite. Dire que
la faculté maîtresse de Shakspeare est l'imagination, ce n'est pas être très loin de ne rien
dire. La stérilité d'un tel principe étant ainsi
devenue évidente, M. Taine a dû l'abandonner

et aller aux vraies conséquences de la méthode empirique. Au lieu d'expliquer un homme par une seule faculté, c'est-à-dire par une abstraction, il va droit aux faits. Ces faits, ce sont d'abord les conditions extérieures dans lesquelles l'homme est né, le milieu, le temps, le climat, l'éducation, etc. ; ce sont ensuite le tempérament, l'organisation, les accidents de la vie, les passions, les mœurs. Tous ces faits étant décrits et rassemblés, il faut le dire, avec une vigueur de pinceau peu commune, et systématisés avec une extrême habileté, le talent d'un écrivain en est la résultante. Dans la théorie de la faculté maîtresse, l'intérieur de l'homme était encore ce qui dominait ; mais M. Taine a été de plus en plus entraîné par l'impulsion naturelle de ses principes à remplacer l'intérieur par l'extérieur, à expliquer l'homme par les choses, et à ne plus voir dans une âme humaine, dans le génie, dans la vertu elle-même, qu'une sorte de combinaison de phénomènes dans des proportions qu'on ne peut qu'approximativement déterminer. Or cette théorie est en contradiction avec la théorie des grands

hommes, telle que la donne l'école hégélienne.
Suivant les hégéliens, un grand homme est
une incarnation de l'idée éternelle, c'est par la
participation avec l'absolu et avec le divin
qu'un homme est grand. Les circonstances extérieures ne sont pas les causes déterminantes
du génie; bien loin de là, elles ne sont elles-
mêmes en grande partie que les dernières conséquences des idées antérieurement découvertes et défendues par quelques esprits supérieurs. Chaque grand homme représente un
nouveau développement de l'idée, il est donc
nécessairement en lutte avec son temps : le
milieu lui fait obstacle, il faut qu'il le brise,
pour créer lui-même un nouveau milieu qui
sera un obstacle à un génie futur. Dans cette
théorie, le génie devance les faits; il n'en est
pas l'expression, il en est la cause. L'idée qui
est en lui est le seul principe véritablement
actif de l'histoire. C'est donc dans l'idée des
grands hommes et surtout des grands philosophes qu'il faut étudier l'histoire. Dans M. Taine,
la théorie du génie est toute différente. Le
génie n'est qu'un effet, il est le résultat et la

combinaison de tous les phénomènes coexistant
à un moment donné. Ce par quoi l'homme de
génie surpasse les autres hommes et ce qu'il
ajoute aux idées anciennes ne s'explique pas
aisément dans cette hypothèse; mais ce qui est
certain, c'est qu'ici les idées, loin de devancer
les faits, ne font que les suivre et les résumer;
loin d'expliquer l'histoire par les idées, il faut
expliquer les idées par l'histoire. Dans le système de Hegel, l'extérieur n'est que le symbole
de l'intérieur, (le réel de l'idéal.) Dans le système de M. Taine, tout est au rebours, le dedans vient du dehors, l'idéal n'est que le revers
du réel ; enfin, comme disait Cabanis, le moral
n'est que le physique retourné. Je ne juge
point ces idées ; je les constate, afin de bien
démêler le genre d'esprit philosophique qui
paraît vouloir reprendre faveur parmi nous.
Or cet esprit n'a emprunté à l'idéalisme allemand que son vernis et quelques formules: en
réalité, c'est l'esprit sensualiste dans toute sa
rigueur, dans toute sa sécheresse, dans toute
sa brutalité.

Si j'ai insisté sur cette comparaison entre la

philosophie de M. Taine et celle de Hegel, c'est
que, à mon avis, l'hégélianisme, quelque juste objection qu'il puisse provoquer, appartient encore
à la grande famille des systèmes métaphysiques.
Il enseigne la raison supérieure aux sens, l'intelligible au sensible, l'idéal au réel, les principes aux faits. L'hégélianisme ne se rattache
sans doute ni à Descartes ni à Leibniz ; mais
il se lie à Spinoza, à Plotin, et par Plotin à
Platon. Si la philosophie spiritualiste a pour
elle la grande tradition religieuse de la Bible
et de l'Évangile, l'hégélianisme et le panthéisme se lient à la religion de Brahma et à
celle de Boudha, qui ne sont pas non plus sans
gloire et sans grandeur. Tandis que la philosophie française luttait, au nom des idées spiritualistes, contre l'idéologie sensualiste du
dernier siècle, Fichte, Schelling et Hegel sou-
tenaient les mêmes luttes en Allemagne. Il y a
dans la philosophie allemande une hauteur et
une grandeur qui manquent entièrement à la
philosophie de Condillac et de Cabanis. Or, si
nous comprenons quelque chose au système de
M. Taine, il nous semble que, dans ses écrits,

la première de ces deux philosophies ne sert
que de manteau et de voile à la seconde.
Pour résumer en deux mots toutes les différences précédentes, on peut dire que dans
Hegel l'idée est la souveraine maîtresse ; le
fait est un esclave et ne doit qu'obéir ; pour
M. Taine, au contraire, le fait est souverain;
l'idée n'en est que l'expression et le résumé.
Or c'est là la négation même de toute métaphysique, et je crois pouvoir ajouter de toute
morale.

II

LA PHILOSOPHIE DE M. RENAN.

Je ne retrouve pas davantage l'esprit véritable de l'hégélianisme dans la nuance d'opinion plus fine et plus distinguée que représente aujourd'hui avec un si grand éclat de talent M. Renan. Suivant cette manière de voir (si je la comprends bien, car elle est très-subtile et très-difficile à saisir), il n'y a pas de vérité absolue, ou, s'il y en a une, elle est inaccessible à l'homme ; ce qui existe, ce sont des états successifs d'opinion, et ces états d'opinion sont eux-mêmes les effets de l'état perpétuellement changeant de l'humanité. L'humanité ne reste jamais deux instants de suite la même, elle est essentiellement mobile, et cette mobilité infinie d'états, déterminant une sem-

blable mobilité de sensations, de sentiments,
d'impulsions de toute nature, donne naissance
aux croyances, aux doctrines, aux systèmes qui
changent indéfiniment aussi, comme la substance dont ils sont les accidents. Ces différences
n'ont pas seulement lieu dans le temps, mais
dans l'espace ; elles existent principalement de
race à race, de peuple à peuple, et même, je le
suppose, d'individu à individu. Les opinions
et les systèmes ne se mesurent donc pas sur la
nature des choses : il n'y a pas de nature des
choses, ou, si elle existe, elle est inaccessible ;
mais ils se mesurent et se déterminent par
l'état subjectif des individus, des siècles et des
peuples. De là cette conséquence, que toute
vérité est relative, c'est-à-dire qu'elle n'exprime que l'état d'esprit de celui qui l'énonce,
et cette autre conséquence, que ce n'est
pas la vérité en elle-même qui est intéressante, mais la recherche de la vérité, c'est-
à-dire le déploiement des forces de l'âme. La
nature est soumise à la même mobilité que
l'humanité ; elle change toujours, quoique plus
lentement, et si nous pouvions remonter assez

haut et assez loin, elle aurait son histoire
comme l'humanité elle-même. Les phénomènes
naturels se modifient sans cesse autour de
nous, et le tableau qui nous environne ne
reste jamais un instant immobile. Cependant
ces phénomènes sont soumis à des lois, et ces
lois semblent éternelles et immuables; au moins
rien n'indique qu'elles aient commencé ou
qu'elles en aient remplacé d'autres. Il y a donc
des lois immuables dans le monde physique,
pourquoi n'y en aurait-il pas dans le monde
moral? Mais alors tout n'est donc pas soumis à l'universel *devenir !* Il y a des points
fixes, et l'objet de la science est de les déterminer. Ce sont là les côtés obscurs de cette
philosophie du relatif. En ai-je d'ailleurs bien
compris, en ai-je fidèlement reproduit les principaux traits ? C'est ce que je n'oserais affirmer.
Pour exprimer une telle doctrine, il faut une
langue souple et mobile, fine et flottante,
quelque peu nuageuse. Cette langue, tout le
monde ne peut la parler. Exprimées en langage
exact, de telles idées paraissent changer de
physionomie et n'être plus elles-mêmes ; la

précision est contraire à leur nature : la mobilité universelle ne saurait s'exprimer sans
contradiction par des signes déterminés.

Il est assez curieux de comparer l'une à
l'autre, pour les mieux comprendre par le con-
traste, la philosophie de M. Taine et celle de
M. Renan ; la première, que j'appellerais volontiers la philosophie du fait, et la seconde, la philosophie du phénomène. Quelle différence éta-
blissez-vous, me dira-t-on, entre un phénomène
et un fait ? Voici comme je l'entends. Un fait
est en quelque sorte un phénomène arrêté,
précis, déterminé, ayant des contours que l'on
peut saisir et dessiner : il implique une sorte
de fixité et de stabilité relatives. Le phénomène, c'est le fait en mouvement, c'est le
passage d'un fait à un autre, c'est le fait qui se
transforme d'instant en instant. — En partant
de cette définition, je dis que M. Taine s'intéresse particulièrement aux faits, et M. Renan
aux phénomènes. Le premier aime les descriptions accentuées, burinées, individuelles ; il
aime qu'un fait soit distinct d'un autre fait ;
il tranche les différences, les rend saillantes,

les met en relief, comme un physiologiste qui
fait gonfler un vaisseau invisible pour le rendre
visible. De telles précisions semblent à M. Renan
contraires à la nature des choses ; pour lui,
tout ce qui est précis est faux, tout ce qui est
gros est grossier, toute définition est une con-
vention. Il n'y a pas de fait précis et déterminé,
il n'y a que des nuances, c'est-à-dire des passages insensibles d'un phénomène à un autre ;
mais comme ces passages sont insaisissables
quand il s'agit de phénomènes particuliers, on
ne peut les surprendre que sur une assez vaste
échelle : il faudra donc étudier les phénomènes
généraux, les ensembles, les masses. De là le
goût de M. Renan pour les généralités, quoique
sa métaphysique soit toute phénoménale.
M. Taine s'intéresse surtout aux individus. Il
les dessine, il les grave, il les calque, il aime
le trait cru et tranché, il aime enfin les mo-
nographies. M. Renan s'intéresse aux siècles,
aux races, aux groupes généraux ; il en esquisse avec grâce et mollesse les nuageux et
changeants contours. Il s'arrête difficilement et
rarement à la description d'un fait particulier ;

il préfère les oscillations, les vicissitudes, les
révolutions flottantes des choses humaines.
M. Taine aime les époques accusées, claires à
l'imagination, les époques modernes et civi-
lisées, la société de France et d'Angleterre
du xvii° ou du xviii° siècle ; M. Renan aime les
sociétés primitives, les sources obscures et sou-
térraines de la civilisation ; il se transporte volontiers en pensée sur ces hauts plateaux de
l'Asie d'où l'on dit qu'est sortie la civilisation
européenne, vers ces races primitives dont on
ne connaît l'histoire que par les langues qu'elles
ont parlées. Il aime l'embryogénie de la race
humaine ; M. Taine en aime la physiologie et
surtout la pathologie. Par toutes ces raisons
aussi, M. Renan est bien moins éloigné que
M. Taine d'admettre des causes immatérielles
et métaphysiques, quoique son système, pris à
la lettre, n'y conduise en aucune façon ; mais
il ne veut pas que rien soit pris à la lettre, et
la fluctuation incessante et volontaire de sa
pensée le ramène par un chemin singulier à
une sorte de spiritualisme très-subtilisé. Comme
il a horreur d'un fait trop déterminé, tout ce

qui tend à circonscrire les choses d'une manière trop rigoureuse lui paraît faux. A ce titre
le matérialisme doit lui être une doctrine fausse;
la prétendue clarté de ce système est précisément
ce qui lui en répugne, il n'y a de vrai que
l'incertain et l'obscur. Par là M. Renan est
conduit à reconnaître l'existence d'un *je ne sais
quoi* dans la nature et dans l'homme. Ce je ne
sais quoi, appelons-le âme, Dieu, ordre moral,
et voilà un nouveau spiritualisme qui ne se dis-
tinguera de l'ancien que par une nuance, qui
peut devenir elle-même aussi petite qu'on le
voudra. Au contraire, pour M. Taine, il n'y a
pas de je ne sais quoi ; il n'y a que deux facultés, la sensation et l'abstraction ; tout ce qui
n'est pas phénomène perçu par les sens ou
notion abstraite exprimée par des mots, n'est
rien. Quelquefois son imagination s'enflamme
quand il pense à la totalité des phénomènes,
et il parle de la nature avec l'enthousiasme de
Lucrèce. Ne nous y trompons pas, la nature
n'est ici qu'un mot qui représente la somme
des phénomènes perçus ou imaginés.

La philosophie que je viens de décrire est-

elle plus hégélienne que la précédente ? Je ne
le pense pas. M. Renan a quelque part inter-
prété la doctrine de Hegel dans le sens de ses
propres idées; il a vu dans la théorie du *pro-
cess*, c'est-à-dire du développement, sa propre
théorie de l'universel *devenir*, et il explique
le principe de l'identité des contradictoires
par l'idée de la relativité indéfinie de la
connaissance. M. Scherer, dans un remarquable travail sur Hegel (1), l'interprète à
peu près de la même manière, et transforme volontiers l'école hégélienne en école
historique. Il me semble que le véritable hégélianisme disparaît peu à peu dans ces diverses
traductions. Sans doute, la pensée de ce grand
métaphysicien se prête à des interprétations
bien diverses; mais il n'y en a pas, je crois,
de plus infidèle que celle qui transforme en philosophie du relatif une doctrine dont toute la
prétention, je dirais presque la folie, est d'être
précisément la vérité absolue, la science absolue.
En effet, aucune philosophie dans aucun temps

(1) Voyez la *Revue des deux mondes* du 15 février 1861.

n'a poussé aussi loin l'assimilation de la raison humaine et de la raison divine ; aucune n'a tenté un effort plus hardi et plus violent pour déduire le monde entier de certaines idées à priori ; aucune n'a plus audacieusement affirmé qu'elle était parvenue à découvrir et à expliquer l'essence des choses. C'est ce système, si dogmatique et tout rationnel, qui se transformerait, suivant M. Renan et M. Scherer, en une sorte de scepticisme empirique, acceptant comme loi suprême l'évolution des phénomènes, soit dans la nature, soit dans l'humanité. Rien ne prouve mieux l'opposition de ces deux points de vue que la polémique soulevée en Allemagne entre l'école hégélienne et l'école historique sur les principes et les fondements du droit. Pour celle-ci, le droit n'est que le résultat de la transformation successive des choses, il est le résumé d'un état donné de civilisation ; pour celle-là, le droit est une idée à priori qui se tire de l'essence même de l'humanité et doit s'imposer aux faits, au lieu d'en être l'expression et le résultat. Voilà, dans un cas particulier, l'opposition du relatif et de l'absolu, de

l'historique et du rationnel. M. Renan ne dis-
simule point ses sympathies pour l'école historique, et en toutes choses il préfère le point de
vue historique au point de vue rationnel : c'est
précisément l'opposé de l'idéalisme hégélien.

A la vérité, ce qui pourrait favoriser la con-
fusion que je combats, c'est la loi de développement et de progrès que Hegel suppose être la
loi éternelle des choses; mais cette loi ne
change pas la nature de l'objet. Supposez que
les vérités géométriques, au lieu d'être con-
çues comme éternellement coexistantes, se réa-
lisent successivement dans le temps, en sortant
es unes des autres ; elles ne cesseraient pas
pour cela d'être des vérités absolues. La génération logique des idées (qu'elle se fasse ou non
dans le temps) est essentiellement différente de
ᵃ ᵃ·ansformation mobile des phénomènes. Il en
ᵉ ᵀ. de même de la loi des antinomies ou des
contradictoires. Dans l'école du relatif, les antinomies ne sont que les points de vue qu'oppose
un même objet à un sujet diversement disposé, ou qu'un objet changeant et aperçu de
différents côtés présente à un même sujet. L'an-

tinomie hégélienne, au contraire, n'est nullement l'apparence des choses, elle en est l'essence même ; l'antinomie ou la contradiction
est le chemin nécessaire par lequel elles par-
viennent à l'harmonie et à l'unité. Par exemple, il est de l'essence de l'état de passer par
l'anarchie et le despotisme (deux opposés iden-
tiques) pour arriver à la liberté. Ainsi la métaphysique de Hegel ne cesse jamais un instant
d'être la métaphysique de l'absolu. Quelle fiction
de lui imposer la doctrine contraire, à savoir
que l'homme ne connaît rien d'absolu, qu'il
est un relatif dans le relatif, un phénomène
toujours en mouvement dans le monde éternellement changeant des phénomènes !

Je viens de caractériser l'esprit général des
doctrines de M. Renan. Quant à son système
philosophique (si l'on peut appeler système
une esquisse où l'imagination a plus de part
qu'une sévère raison), il l'a résumé d'une manière brillante et originale dans sa lettre à
M. Berthelot (1). Dans cette lettre, M. Renan se

(1) *Les sciences de la nature et les sciences historiques.*
(Voyez la *Revue des deux mondes* du 15 octobre 1863.)

représente la formation de l'univers à peu près
comme Laplace et Herschel se représentaient la
formation du monde solaire. Une première
nébuleuse, par une condensati · progressive,
passe de l'état mécanique à l'éta· ·rimique, de
l'état chimique à l'état planétaire ; elle se brise
en centres divergents dont chacun devient une
planète ; l'une de ces planètes est la terre. La
terre passe à son tour par des degrés divers
de condensation. A l'un de ces degrés, elle est
susceptible d'entretenir la vie : à un degré supérieur, elle donne naissance à l'humanité.
L'humanité, à son tour, va toujours en se développant comme la nébuleuse primitive. A un premier degré, elle est inconsciente et forme un
tout quasi indivis; à un degré supérieur, elle se
partage en consciences distinctes, en individus,
à peu près comme la nébuleuse primitive s'est
brisée en noyaux divergents. Ainsi la condensation progressive d'une matière subtile infinie, tel est le principe général de cette cosmogonie ; mais si cette condensation n'avait
pas de contre-poids, le progrès de l'univers
consisterait dans la réduction du tout en un

point unique. C'est ce qui n'a pas lieu. La condensation amène en quelque sorte à sa suite la raréfaction, et par conséquent des brisures dans le tout primitif, chacune des parties restant néanmoins soumise à la loi de la condensation et de la concentration. Or le plus haut degré de la concentration connu, c'est la conscience. On peut faire trois questions à cette cosmogonie qui rappelle beaucoup la physique stoïcienne. — Qu'est-ce que l'âme ? Qu'est-ce que Dieu? Quel est le principe du mouvement, de l'ordre et de l'harmonie dans l'univers ?

On ne nous dit pas, à la vérité, ce que c'est que l'âme ; mais on nous apprend que la conscience, ce révélateur de l'âme, est une résultante; on peut en conclure que l'âme elle-même est une résultante. Si l'on prenait l'expression de résultante à la rigueur, cette définition de la conscience n'aurait pas de sens, car, en mécanique, la résultante est une ligne idéale, que l'esprit conçoit comme une moyenne entre deux directions données; mais cette ligne idéale n'existe pas. A ce titre, on ne conçoit pas que la

P. JANET. 4.

conscience soit une résultante : car elle est
certainement un fait et par conséquent une
réalité. Ce que l'on veut dire, c'est que la
conscience n'est que le résultat de la combinaison et de la rencontre des forces cérébra-
les. L'âme n'est donc qu'un résultat, une fonction de la matière, infiniment supérieure cependant à la matière, comme l'harmonie de la
lyre, suivant l'admirable comparaison de
Platon, est supérieure à la lyre elle-même,
quoiqu'elle ne soit rien sans elle. Quelles seront
maintenant les destinées de cette âme ? En tant
qu'elle est liée à la matière, elle s'évanouit et
se dissipe avec la matière même : elle perd
donc la conscience, qui n'est que la résultante
des actions du cerveau ; mais l'âme n'est pas
tout entière dans la conscience, elle est quelque
autre chose de plus. Quel est ce quelque chose?
C'est ce qu'on ne nous dit point. Ce quelque
chose subsiste et survit néanmoins. Bien plus
il survit en Dieu. Qu'est-ce donc que Dieu ?

Le mot Dieu peut avoir deux sens, un sens
relatif et un sens absolu. Au premier sens,
Dieu est dans l'univers, il est en tout, et il est

de plus en plus dans ce qui est plus parfait. Il est donc dans la vie plus que dans
la matière inerte, dans la pensée plus que
dans la vie, dans la conscience des grands
hommes plus que dans celle du vulgaire. A ce
point de vue, Dieu se développe sans cesse ; il
n'est pas, il devient, il *se fait*. Le plus haut
degré de divinité que nous connaissions est la
conscience humaine; mais on peut concevoir
un plus haut degré de divinité possible, ce serait une concentration de toutes les consciences
de l'univers dans une conscience unique, dans
une conscience absolue. De là ce singulier
rêve, que l'on a admiré dans la *Vie de Jésus*,
d'une résurrection possible de toutes les consciences dans une conscience finale, terminaison
étrange de cette cosmogonie arbitraire, dénoû-
ment fantastique de cette merveilleuse féerie
que l'univers joue devant nous, et dont nous
sommes nous-mêmes les spectateurs et les ac-
teurs.

Dans un autre sens, Dieu n'est plus ce progrès de la nature toujours en mouvement. Il
est l'infini, il est l'idéal, il est l'absolu. Il est

l'ordre où la métaphysique, les mathématiques, la logique, sont vraies. On peut donc
dire de lui avec Bossuet, Malebranche, tous les
platoniciens et tous les chrétiens, qu'il est le
lien et la substance des vérités éternelles.
Admirable définition de Dieu, si elle se rap-
portait à quelque chose d'existant ! Or, suivant
M. Renan, Dieu, entendu dans ce second sens,
n'existe pas, il est en dehors de la réalité ; il
n'est qu'une catégorie de la pensée. En effet,
il est le lien des sciences absolues ; mais les
sciences absolues n'ont pas le réel pour objet.
Il est l'absolu lui-même ; mais rien d'absolu ne
peut exister. Nous apercevons maintenant,
nous comprenons dans quel sens l'âme est immortelle. Survivre en Dieu, c'est survivre dans
l'idéal et dans l'absolu, c'est survivre dans ce
qui n'existe pas. Quelquefois M. Renan veut
donner un peu plus de fond à cette immortalité illusoire, et il nous fait espérer de survivre
dans le souvenir de nos amis (souvenir aussi
fragile que nous-mêmes) ou bien dans nos pensées, ce qui réserve l'immortalité à un bien
petit nombre d'hommes, car combien d'entre

nous peuvent se flatter que leurs pensées méritent de leur survivre?

Mais si Dieu n'est qu'un idéal sans aucune
réalité, comment expliquer l'ordre et l'harmonie de l'univers? On mêle ici d'une manière
assez confuse le hasard et l'instinct, d'une part
la théorie épicurienne des combinaisons for-
tuites, de l'autre la théorie stoïcienne d'une vi-
talité intérieure de la nature. Deux choses deviennent nécessaires pour expliquer le monde,
le temps et la tendance au progrès. « Une sorte
de ressort interne poussant tout à la vie, voilà
l'hypothèse nécessaire... Il y a une conscience
obscure de l'univers qui tend à se faire, un secret
ressort poussant le possible à exister. » Ainsi
l'âme de l'univers est une sorte d'instinct, c'est
ce je ne sais quoi de divin qui se manifeste
« dans l'instinct des animaux, dans les tendances
innées de l'homme, dans les dictées de la conscience, dans cette harmonie suprême qui fait
que le monde est plein de nombre, de poids et
de mesure. » La nature est une sorte d'artiste
qui agit par inspiration et sans aucune science.
Les stoïciens l'avaient déjà dit en appelant le

principe de l'univers « un feu artiste, » belle formule qui résume merveilleusement la doctrine de M. Renan, et même son talent avec ses trois caractères les plus saillants, l'art, la flamme et la mobilité.

De même que la philosophie de M. Taine peut se résumer dans l'idée d'une chaîne inflexible qui, par des liens de fer, attache et resserre tous les phénomènes de l'univers, la philosophie de M. Renan se réduit à l'idée de la mobilité universelle et du perpétuel *devenir*.

Mécanisme et fatalité, voilà le système de M. Taine ; transformation et mouvement, voilà celui de M. Renan. Ces deux idées vont se perdre l'une et l'autre dans l'idée commune d'un absolu p 'noménisme. Pour tous deux, la nature n'est qu'un grand phénomène qui se transforme sans cesse ; l'humanité, un des moments, un des accidents de cette transformation ; l'individu, un des accidents de cet accident. Quant à l'âme, il est trop évident qu'elle s'évanouit et tombe en poussière ; elle n'est plus comme ils le disent, que la résultante, c'est-à-dire le produit complexe d'un nombre incalculable de phénomènes antérieurs. Pour être juste, il faut reconnaître que de temps à autre ils semblent laisser errer quelque autre chose au delà, au-dessus, au-dessous ou au dedans de cette série flottante : c'est ce que M. Taine appelle « la loi », et M. Renan « l'infini » ou « l'idéal »; mais ces agents transcendants jouent un rôle si vague et si obscur dans leurs doctrines, qu'il est difficile de bien saisir la part qui leur est faite, et qu'il est permis d'y voir des concessions à l'opinion et à l'habitude plutôt que de vrais principes sciemment et scientifiquement reconnus. Avouons cependant qu'il y a là pour eux une issue pour s'élever plus tard, s'ils le veulent, à une philosophie plus haute que celle qu'ils nous ont proposée jusqu'ici : je le désire sans trop l'espérer; car plus ils vont, plus ils me paraissent pencher du côté fatal que j'ai signalé.

Entre les innombrables questions que les idées que je viens d'exposer pourraient provoquer, je me contenterai d'en choisir une. Dans cette chaîne infinie de phénomènes dont on ne comprend ni le pourquoi ni le comment, d'où

vient qu'il se produit à un moment donné un
certain mécanisme de phénomènes, un certain
système qui semble se détacher du tout par la
conscience, et s'opposer au reste comme une
force capable d'action et de réaction ? Comment ce mécanisme si compliqué, à savoir
l'homme, qui n'est qu'un effet ou un ensemble
d'effets, arrive-t-il à se faire à lui-même l'illu-
sion qu'il est une cause, au point même de
n'avoir d'autre idée de cause que celle qu'il
puise dans la conscience de sa propre action?
Comment peut-il même avoir l'idée de l'action?
Un phénomène n'agit pas, il est *agi*, comme
disait énergiquement Malebranche. Un phénomène est le produit d'une action; ce n'est pas
l'action elle-même. Si l'homme n'était qu'un
phénomène ou un ensemble de phénomènes, il
n'aurait jamais l'idée de l'action ; mais par cela
même il n'aurait aucune idée, car penser,
c'est agir.

Je comprends que l'on dise que l'homme est
lié au tout, et Spinoza n'a pas tort d'écrire que
nous ne sommes pas « un empire dans un empire ». Toutefois, sans être un empire indé-

pendant et souverain dans l'empire universel de
la nature, l'homme peut y être citoyen, ce qui
n'est pas possible, si l'homme n'est pas quelque chose par lui-même, s'il n'a aucune personnalité, et s'il doit tout au dehors, si en un
mot l'homme n'est qu'un produit : car alors il
n'a rien d'intérieur, ni de spontané, rien qui
puisse être principe de liberté ou objet de
droit. Que sera-ce si cette rencontre ou combinaison de phénomènes que vous appelez un
homme n'est que le résultat de l'activité aveugle et inconsciente de la nature ? Mais je laisse
de côté ce qu'il y a d'inexplicable dans l'idée de
forces aveugles produisant cette œuvre si merveilleusement ordonnée ; je me contente de répéter que l'homme ainsi formé par rencontre
et combinaison n'a point de centre. Or dans
un tel être je ne comprendrai jamais la conscience de soi-même.

L'intériorité à soi-même (s'il est permis
de définir ainsi la conscience) est un fait si
extraordinaire, si original, si inattendu dans
cette série graduée qu'on appelle la nature,
il tranche tellement sur le reste, qu'il faut

un étrange parti-pris philosophique pour
avancer avec le dogmatisme de nos critiques
que la conscience est un produit. C'est précisément ce qu'il faut démontrer. Il ne suffit pas
de développer avec éclat et imagination l'idée
d'une évolution de la nature : tout le monde
sait qu'il y a une évolution, ou du moins une
échelle dans la nature. Aristote et Leibnitz
l'ont dit avant Hegel. La question est de savoir
si dans ce développement il n'y a point des
hiatus, des solutions de continuité, si la nature, en se développant, suit une ligne continue, ou si à certains degrés elle ne franchit
pas certains intervalles pour entrer dans un
ordre supérieur. A priori, il n'est nullement
nécessaire que le progrès se fasse par des
transformations insensibles. La puissance créatrice ou productrice (quelle qu'elle soit) peut
tout aussi bien se manifester par la diversité
des forces et des agents que par l'unité de force
et d'agent. C'est donc à vous de démontrer
qu'il n'y a point d'hiatus et que l'évolution est
continue. Or il y a deux passages infranchis-
sables jusqu'ici à toute science, à toute ana-

lyse, à toute expérience, c'est le passage de la
matière brute à la matière vivante et de la matière vivante à la pensée. Ces deux abîmes, nos
nouveaux critiques ne les ont pas plus franchis
qu'aucun de ceux qui l'ont tenté avant eux ;
tout ce qu'ils peuvent faire, c'est de les éluder
et de laisser croire, en les taisant, qu'ils n'existent pas.

Toutes ces conceptions ont leur origine dans
l'application désordonnée d'un principe cher à
Leibnitz, et l'un des plus beaux de la métaphysique, le principe de continuité ; mais ce principe, si on sait bien l'entendre, n'est que le
principe de la gradation et du progrès. Il signifie seulement que la nature agit par degrés, qu'elle ne s'élève à une forme qu'après
avoir épuisé toute la série possible des formes
inférieures, que chaque degré de l'être contient quelque chose du précédent et quelque
chose du suivant. Que d'ailleurs ces degrés
successifs soient distincts les uns des autres,
et même qu'il puisse y avoir des intervalles
plus grands à certains degrés de l'échelle, c'est
ce qui n'a rien de contraire au principe de con-

tinuité, car si l'on voulait pousser ce principe
jusqu'au bout, il nous entraînerait non-
seulement à l'identité, mais à l'immobilité
universelle. Il ne suffirait pas de dire qu'un phénomène est lié à un autre, qu'il lui est semblable, qu'il en résulte et en prépare d'autres semblables à lui ; il faudrait aller jusqu'à dire que
c'est le même, rigoureusement le même, ce
qui rend impossible toute diversité. Si vous
dites que c'est le même phénomène, mais avec
quelque chose de plus, je demande d'où vient
ce surplus. Entre ce surplus, ce *novum quid*,
et le phénomène antérieur, n'y a-t-il pas un
hiatus, un *saltus*, quoi qu'on fasse? Non, direz-
vous, on y arrive par des nuances insensibles. Peu importe : que ce soient des nuances,
des quarts de nuances, des millièmes de nuances, ce sont là des diminutifs impuissants ; partout où il y a diversité, il y a solution de continuité. Entre deux nuances, je puis toujours
supposer une nuance intermédiaire, et d'autres
à l'infini après celle-là. La nature ne passerait
donc jamais d'une nuance à l'autre. Si elle
veut se diversifier, il faut qu'elle fasse un saut,

si petit qu'il soit. Dès lors, pourquoi n'admet-
trait-on pas tout aussi bien des intervalles d'essence que des intervalles de degré? Et pour en
revenir au point en question, pourquoi la conscience serait-elle simplement la continuation
d'un état antérieur et non pas l'apparition d'une
force nouvelle, qui est précisément ce que les
hommes appellent l'âme? Pourquoi dans cette
force nouvelle, la plus haute que nous manifeste la nature, n'y aurait-il pas un mode d'activité entièrement nouveau, à savoir la liberté?
Et pourquoi ne supposerions-nous pas d'autres
forces et d'autres formes d'activité supérieures
à celles-là, et enfin une force absolue, jouis-
sant du plus haut degré et de la plus haute
forme possible de l'activité et de l'être, et distincte de toutes les forces secondaires et subordonnées, aussi bien qu'elles sont distinctes
les unes des autres? Je sais qu'après avoir
établi la distinction, il faudrait, s'il était possible, expliquer l'union; mais on n'explique pas
en supprimant, on ne résout pas un problème
en le mutilant. Réduire toutes les forces de la
nature à une seule et tout expliquer par les

transformations insensibles d'une même substance, c'est revenir à Thalès et à la philosophie
juvénile des premiers temps de la Grèce, c'est
ne tenir compte d'aucun des progrès que la
pensée a su accomplir depuis cette période
brillante et féconde, mais pleine d'inexpérience.
Il est pourtant un phénomène où il semble
que la diversité puisse se concilier avec la
continuité, c'est le mouvement : car l'objet en
mouvement ne cesse pas de se mouvoir, qu'il
se meuve en ligne droite, en cercle, ou en
spirale, qu'il se meuve lentement ou rapidement. Aussi cherche-t-on aujourd'hui à tout
expliquer par le mouvement, et les progrès de
la physique sont, il faut le dire, entièrement
dans cette voie. Cependant, à supposer que le
mouvement lui-même ne donnât pas lieu à de
nouveaux problèmes, à supposer, si l'on veut,
qu'il explique toute la nature physique, y compris même la végétation et la vie animale, je
dis qu'il y aura toujours un point où il vous
faudra reconnaître un *hiatus*, un *saltus*, un
intervalle : c'est là que commencent la conscience et la pensée. Qu'un mouvement donne

naissance à une pensée, bien plus qu'un mouvement soit une pensée, c'est ce qui est absolument incompréhensible. On aura beau dire
que c'est la même chose avec la différence du
dedans et du dehors, que la pensée, c'est le
mouvement vu en dedans, et le mouvement, la
pensée exprimée au dehors : ce sont là de pures
métaphores qui ne signifient rien pour l'esprit. Quoi que prétende Spinoza, le cercle et
l'idée du cercle sont deux choses très-diffé-
rentes : la pensée n'est pas au mouvement ce
que le concave est au convexe.

On fait à la vérité à la philosophie spiritualiste une objection très-sérieuse, et dont je reconnais la gravité. Cette philosophie, dit-on,
ne repose que sur notre ignorance. Partout où
les causes nous échappent, elle arrive pour
introduire autant d'entités diverses qu'il y a
d'inconnues. Ne trouvant pas de passage expérimental de la matière brute à la vie, la voilà
qui invente un être qu'elle appelle force vitale ;
ne pouvant expliquer la pensée, elle invente
une force spirituelle qu'elle appelle âme ; ne
pouvant expliquer toutes les causes de nos ac-

tions, elle suppose le libre arbitre; ne saisissant pas le lien intérieur par lequel tous les
phénomènes de la nature se rattachent nécessairement les uns aux autres, et à une force
unique, elle détache cette force par abstraction, de la nature elle-même, et elle l'appelle
Dieu. Ainsi chacune des affirmations spiritualistes n'est qu'un aveu d'ignorance. Les spiritualistes ne voient pas qu'ils prennent les
énoncés du problème pour des solutions. Sans
doute il y a des inconnues dans la nature;
mais ces inconnues ne cesseront pas d'être
des inconnues, lorsque vous les aurez appe-
lées force vitale, âme, libre arbitre, cause
première. Ce ne sont là que des noms qui laissent les phénomènes aussi inexpliqués qu'au-
paravant.

Je fais observer que cette objection n'est
très-forte que si l'on commence par supposer
à priori que tous les phénomènes de la nature
sont produits par une force unique et s'expliquent nécessairement les uns par les autres;
mais veuillez, je vous prie, supposer un instant, ce qui n'a sans doute rien d'absurde ni

de contradictoire, qu'il y a dans la nature des
forces distinctes, d'ordre différent et inégal :
quel autre moyen avons-nous d'en constater
l'existence que d'observer la différence des phénomènes qui les manifestent, et là où ces phénomènes paraîtront irréductibles, d'affirmer
la séparation irréductible des causes ? La réduction de toutes les lois de la nature à une loi
unique, de tous les agents à un agent unique,
est déclarée par Auguste Comte lui-même une
hypothèse chimérique et antiscientifique. Pourquoi prendrions-nous comme accordée une hypothèse aussi arbitraire, et parce que sur deux
ou trois points on a trouvé moyen de réduire
et de simplifier les causes, pourquoi affirme-
rions-nous d'une manière absolue qu'il en est
ainsi à tous les degrés de l'échelle de la nature ?
Soit, dira-t-on; mais reconnaissez alors que
vos séparations, vos distinctions sont purement
provisoires, qu'elles ne présentent que des hypothèses proportionnées au nombre des faits ;
observés, et soyez tout prêts, devant telle ou
telle expérience contradictoire, à renoncer à vos
hypothèses. Sans aucun doute, répondrai-je,

5.

nous y sommes prêts. Par exemple, le jour où la science trouvera moyen de démontrer la génération spontanée, nous nous inclinerons devant cette démonstration, et nous renoncerons à l'hypothèse d'une force vitale (1). Mais, quant à la force pensante, quelle est, je vous prie l'expérience démonstrative qui pourrait nous réduire au silence? Je n'en vois qu'une seule, ce serait la production artificielle d'un homme sentant et pensant; l'*homunculus* de Faust, telle serait l'*ultima ratio* de cette philosophie unitaire que l'on nous oppose. Or est-il un esprit philosophique qui, par précaution scientifique, s'imposera de renoncer à toute affirma-

(1) Encore faut-il [bien distinguer la génération vraiment spontanée de ce qu'on appelle aujourd'hui l'*hétérogénie*. Dans la véritable idée de la génération spontanée, la vie devrait naître d'une simple rencontre d'éléments minéraux; mais si la vie vient de la mort, c'est-à-dire de tissus organiques ayant déjà vécu (ce qui est l'hétérogénie), un tel fait, fût-il démontré, prouverait contre l'individualité des espèces animales dans les bas degrés de l'échelle, mais non pas contre l'hypothèse d'une force vitale, car on n'aurait pas encore atteint le phénomène primitif de la vie. Or, c'est seulement dans ce dernier sens que la génération spontanée a encore quelques partisans.

tion jusqu'à que ce qu'une telle expérience ait
été faite ? J'ajoute si le spiritualisme a raison, il
lui est précisément impossible de se démontrer
lui-même par l'expérimentation. Il faut donc
qu'il se contente des indications qui sont à sa
portée. Les seules sont les données de la conscience. Or nous ne pouvons que répéter ce
que nous avons dit plus haut, c'est que l'analyse de la conscience nous donne toujours une
unité de sujet et ne se laissera jamais réduire à
l'idée d'une combinaison quelconque.

Quant à la nature de la cause première, s'il
y a une philosophie qui mérite l'accusation de
réaliser des abstractions et d'invoquer des
qualités occultes, c'est celle qui attribue à la
nature un instinct, qui lui prête des facultés
poétiques, qui demande comme un postulat
nécessaire « la tendance au progrès, » c'est la
philosophie de M. Renan, ou bien encore, c'est la
philosophie qui se représente la cause première
comme « un axiome, » comme « une formule
créatrice, » qui, à l'origine des choses, place ce
qu'elle appelle « les premiers abstraits, » et
ramène ces premiers abstraits à trois : « la

quantité concrète, la quantité supprimée, »
c'est-à-dire la philosophie de M. Taine. Ces
deux philosophies prennent des abstractions
pour des réalités, des causes nominales pour
des causes réelles. Qu'est-ce, je vous prie, que
l'instic de la nature? Nous expliquons-nous
mieux l'ordre et l'harmonie de l'univers quand
nous les avons rapportés à une tendance obscure, aveugle, inconsciente? N'est-ce pas expliquer le fait par le fait? N'est-ce pas tomber
précisément sous l'objection que nous expo-
sions tout à l'heure contre nous-mêmes, se
figurer qu'on a expliqué un fait parce qu'on a
donné un nom (l'instinct, la tendance, le *sti-
mulus*) à la cause inconnue que l'on cherche?
Quant aux premiers abstraits, à la formule
créatrice, à la quantité première (abstraite,
concrète ou supprimée) (1), quel esprit philosophique pourra se trouver satisfait par une pareille logomachie scolastique? M. Taine, qui a

_____

(1) Pour nous inspirer plus de respect pour cette quantité
supprimée qui n'est pas très-claire, M. Taine cite en note
l'expression allemande empruntée à Hegel : *Die aufgehobene
Quantität.* Mais le mot *aufgehobene,* dans la langue hégé-

essayé de réhabiliter l'école empirique et sensualiste (ce qui, dans une certaine mesure,
pouvait avoir quelque utilité), devrait bien se
souvenir de la règle fondamentale de cette
école : ne pas réaliser d'abstractions. Si l'école
de Locke, de Condillac, de Destutt de Tracy, de
Mill, a un mérite, c'est l'horreur des abstractions réalisées. Or que diraient ces philosophes
d'une formule qui crée, d'une loi qui est une
cause, enfin de cette pneumatologie abstraite
qui ne supprime la cause, la substance, l'âme
et Dieu que pour y substituer des formes
creuses, des cadres vides, plus vides que les
nombres de Pythagore et que les idées de
Platon ?

Pour me résumer sur la philosophie de ces
deux penseurs (plus voisine chez M. Renan du
spiritualisme, mais trop vague encore et trop
indécise), je dirai qu'elle a été jusqu'ici plus
critique que dogmatique, et lorsqu'elle s'est

lienne, ne signifie pas *supprimée*, mais *absorbée* : c'est, dans
le mouvement de la dialectique, l'état d'un terme inférieur,
qui se trouve à la fois nié et affirmé dans le terme suivant,
ce que le mot français *supprimé* n'exprime pas du tout.

faite dogmatique, plus affirmative que démonstrative, ce qui en rend la discussion assez difficile. D'ailleurs, pour que l'appréciation fût
entièrement équitable, il ne faudrait pas rester
sur le terrain de la philosophie abstraite. C'est
dans la philosophie appliquée que l'un et
l'autre écrivains ont déployé tout leur talent,
l'un dans la critique littéraire, dont il essaie de
faire une science, l'autre dans l'histoire religieuse. Pour mesurer la force de leur esprit et
même la valeur exacte de leurs doctrines, il
faudrait entrer avec eux dans leurs études spé-
ciales, les voir aux prises avec les faits, les
idées, les mœurs, les œuvres d'esprit, le langage, les croyances : c'est par là qu'ils inté-
ressent et qu'ils remuent. Je suis loin de dé-
sapprouver cette méthode, qui consiste à mêler
la philosophie à toutes choses, et à la vivifier
elle-même par le contact de la réalité et de la
vie. J'accorde qu'il y a une philosophie qui
sort de toutes les sciences particulières, et
avec laquelle la philosophie abstraite et spéculative doit compter. Qu'est-ce que la morale
sans l'histoire, la logique sans l'étude des lan-

gues ou des méthodes scientifiques, la psychologie sans l'ethnologie, la métaphysique sans
la physique? Des sciences abstraites qui courent toujours le risque de se perdre dans une
vaine et vide scolastique. Il faut donc louer sans
réserve la nouvelle disposition qui se manifeste
aujourd'hui de toutes parts, et au succès de laquelle M. Renan et M. Taine auront contribué
par leur talent. Néanmoins je ferai remarquer
que cette disposition elle-même a de graves inconvénients. En mêlant ainsi la philosophie à
toutes choses, en évitant de la prendre en elle-
même comme un objet d'étude, et un objet
très-difficile et très-complexe, on arrive à effa-
cer et à confondre la plupart des questions;
on énonce des principes sans preuves; on ne
discute plus, on affirme; et ces affirmations ra-
pides, qui dévorent les difficultés et les objections, passent malheureusement auprès des lecteurs superficiels pour des vérités acquises et
démontrées. Il y a aujourd'hui dans le monde un
souffle antispiritualiste. En enflant ses voiles
avec ce souffle, en naviguant de ce côté, on est
naturellement porté; l'opinion ne vous de-

mande pas de bien raisonner, ni même de raisonner, mais de parler comme il lui plaît. Je ne
veux pas dire que les nouveaux philosophes
ne soient que des échos ; non, car eux-mêmes
entraînent la foule autant qu'ils la suivent. Je
veux faire entendre seulement que, tout en
parlant sans cesse de la science pure et abstraite, ils n'ont été guère jusqu'ici que des
chefs d'opinion. Ils nous reprochent de défendre une cause, et eux-mêmes ils en ont une.
Toute la différence, c'est que ce flot d'opinion,
mobile et changeant, pour qui les combats
philosophiques sont encore des combats politiques, ce flot, dis-je, qui porte et entraîne les
hommes, est avec eux aujourd'hui, comme il
était il y a quarante ans avec ceux qu'ils com-
battent. Or il est plus facile de descendre le
courant que de le remonter.

Loi mystérieuse de la pensée humaine ! il
semble qu'il soit dans la destinée de la philosophie d'osciller sans cesse du dehors au dedans,
du dedans au dehors, du moi au non-moi, et ré-
ciproquement. L'homme, quoi qu'il fasse, se
cherche toujours lui-même et ne s'intéresse

qu'à lui-même ; mais tantôt il se cherche en
lui-même, et tantôt dans ce qui n'est pas lui.
On peut lui appliquer cette pensée de Montesquieu : « Quand j'ai vécu dans le monde, j'ai
cru que je ne pouvais supporter la solitude ;
quand j'ai vécu dans la retraite, je n'ai plus
pensé au monde. » Or dans le moment actuel,
l'âme humaine est occupée en dehors de soi ;
elle se cherche partout où elle n'est pas, dans
le monde extérieur, dans l'animalité, dans son
propre corps. Elle a des scrupules en quelque
sorte, elle est sur elle-même d'une modestie
incroyable : elle craint de s'être trop élevée en
se séparant du monde extérieur, en se distin-
guant du corps, en croyant à une destinée divine et immortelle, en invoquant une loi morale absolue, en affirmant des droits abstraits.
Toutes ces grandes croyances sont bien près de
lui paraître des superstitions, des illusions, des
mirages de l'imagination. Elle les écarte
comme des importunités, et recherche avec une
curiosité maladive par quels liens elle touche à
la matière, comment les maladies du cerveau
sont les maladies de la pensée, ce qu'elle a de

commun avec l'animalité, comment dans la
nature les degrés supérieurs naissent des infé-
rieurs. Dans la littérature, dans la politique,
dans l'histoire, elle cherche partout ce qui dé-
niaise et ce qui détrompe, le petit à côté du
grand et expliquant le grand, le physique expli-
·quant le moral, l'accident plus fort que la loi,
et enfin les lois fatales du climat, de la race,
de l'organisation, supérieures à ces lois idéales
que les philosophes s'obstinent à exposer dans
ces sciences vides et creuses que l'on appelle la
morale et le droit naturel. Tel est le mouvement qui entraîne l'opinion au temps où nous
sommes, et il n'y a pas de quoi être très-fier.

Mais si la loi que nous avons mentionnée
plus haut est vraie (et l'histoire de la philosophie
démontre qu'elle est indubitable), si l'homme
va sans cesse de lui-même aux choses pour revenir ensuite des choses à lui-même, ne craignez rien, dirai-je aux spiritualistes inquiets
qui se voient dépassés, débordés et transportés
sans l'avoir voulu, du parti du mouvement au
parti de la résistance ; ne craignez rien : dans
vingt ans, dans trente, dans cinquante ans, qui

sait ? demain peut-être, il se fera un mouvement en sens contraire ; il naîtra un penseur
audacieux qui découvrira l'âme, et rappellera à
l'homme étonné et ravi la dignité, la beauté,
l'originalité de sa nature et de son rôle dans la
création ; il lui apprendra ce qu'il aura oublié,
à regarder au-dessus de lui et non au-dessous.
Cette révolution n'a jamais manqué, et elle ne
manquera pas plus dans l'avenir que dans le
passé. Cent fois les hommes ont essayé de
croire que Platon était un rêveur et que ses
idées étaient des chimères, et cent fois les idées
de Platon sont revenues illuminer l'âme humaine, et lui rendre l'esprit et la sérénité. Aujourd'hui même encore, malgré l'entraînement
des études positives et de la méthode critique
et empirique, on n'a pas dépouillé entièrement toute croyance platonicienne, et cet
appel, si vague qu'il soit, à l'idéal, que nous
trouvons à toutes les pages de M. Renan, est
encore un vestige de platonisme. Un autre
penseur, plus métaphysicien que M. Renan,
et dont nous allons parler, a essayé également de démontrer scientifiquement et la né-

cessité d'un idéal pour l'esprit, et sa non-existence dans l'ordre de la réalité. Je ne mécon-
nais ni ne dédaigne ces derniers liens qui rattachent encore la philosophie nouvelle au platonisme et au spiritualisme; mais cette doctrine
d'un idéal non réel ne me paraît pas un moyen
terme satisfaisant, c'est trop ou trop peu : trop
pour les esprits positifs, qui n'admettent que
les faits, trop peu pour les vrais idéalistes, qui
veulent un monde intelligible et divin, type
vivant et existant du monde sensible. Quoi
qu'il en soit, ce dernier culte de l'idéal, si
insuffisant qu'il soit, nous est encore une ga-
rantie et un gage que les idées spiritualistes ne
périront pas.

III

LA PHILOSOPHIE DE M. LITTRÉ.

Deux courants principaux ont contribué à former la philosophie nouvelle : d'une part, les sciences exactes et positives ; de l'autre, la philosophie allemande. Ces deux courants se sont trouvés d'accord pour combattre la philosophie régnante, qui, prise à la fois entre l'empirisme et l'idéalisme, combattue par l'expérience et par la raison pure, a beaucoup de peine à faire prévaloir et même à faire bien comprendre le point de vue qui lui est propre, — le point de vue psychologique. Cependant, s'il y a une sorte d'accord entre l'empirisme et l'idéalisme dans la critique et dans le combat, il est facile de prévoir que les

deux genres d'esprit qui se sont en quelque
sorte coalisés dans cette lutte sont trop incom-
patibles au fond pour s'entendre longtemps.
Déjà l'on voit deux philosophies de caractère
très-différent se dessiner l'une en face de l'autre
et renouveler, comme on l'a vu à toutes les
époques, l'éternelle opposition de l'empirisme
et de l'idéalisme : d'une part, une philosophie
circonspecte à l'excès, ennemie de toute spéculation métaphysique, n'admettant que les faits
constatés, avec leurs rapports, c'est-à-dire leurs
lois ; de l'autre, une philosophie idéaliste, ne
pouvant consentir à trouver dans les phénomènes les derniers éléments de l'être et de la
vie, pénétrant au delà pour y découvrir la
cause, la substance, l'infini. — l'une tout im-
prégnée de l'esprit des sciences positives, n'admettant que ce qui est démontré et vérifié,
l'autre inspirée des hardiesses de l'esprit allemand, mais tempérée par les lumières et la
mesure de l'esprit français, — l'une enfin à la
recherche du positif, l'autre à la poursuite de
l'idéal. Telles sont les deux philosophies oppo-
sées (malgré certains traits communs) que re-

présentent aujourd'hui parmi nous deux esprits éminents, recommandables entre tous
par la science, par la sincérité, par le sérieux, par l'absence de tout charlatanisme,
M. Littré et M. Vacherot. Parlons d'abord
de M. Littré:

Il est juste de reconnaître que la philosophie
positive s'est beaucoup améliorée dans ces
derniers temps : elle s'est affranchie des utopies
ridicules qui la déconsidéraient aux yeux des
bons esprits ; elle a rejeté, d'une part, sa religion humanitaire, de l'autre sa politique dicta-
toriale, legs du saint-simonisme dont elle
n'avait que faire, et elle s'est réduite à sa véritable idée, la généralisation des données scientifiques fournies par les sciences positives. Sur
ce terrain solide, elle appelle et exigerait une
sérieuse discussion ; quelques mots pourront
suffire à l'objet de cette étude.

Lorsque l'on considère la science contemporaine du dehors et sans être initié à son esprit
et à ses tendances, lorsque l'on parcourt les
feuilles scientifiques, les comptes rendus des
académies, et ces comptes rendus moins sé-

vères que le goût public-recherche aujour-
d'hui, et qui partagent avec le roman et le
théâtre l'honneur du feuilleton ; lorsque d'un
autre côté on lit ou du moins l'on consulte
les innombrables ouvrages où la science
essaie de se rendre populaire et d'expliquer à
tous les merveilleuses inventions qu'elle a
suscitées, et que tout le monde connaît, lorsqu'enfin l'on voit se produire à la fois tant de
faits minutieux et tant de découvertes utiles, on
est tenté de croire que les deux caractères les
plus saillants des sciences à notre époque sont
l'esprit pratique, le goût des applications utiles,
dédaigneux de toute tendance spéculative un
peu élevée. Tel est, je le répète, le spectacle
que semblent présenter les sciences ; mais ce
n'est là que l'apparence des choses. Il est bien
vrai que l'esprit de spéculation est très-rare
parmi les savants, qu'ils s'en défient au delà de
toute mesure, que peut-être un peu plus de
hardiesse en ce sens serait utile à la science
elle-même. Ce qu'on ne saurait contester,
c'est que, malgré la répugnance des savants
pour les idées générales, malgré les progrès

constants de l'analyse et les abus de la division
du travail, la force des choses toute seule a
poussé la science dans une voie de généralisation et de synthèse vraiment remarquable.
Quelques hautes idées se sont dégagées de ce
chaos de faits particuliers ou d'applications
commodes, et à un moment donné les sciences
ont pu croire qu'il était temps d'opposer philosophie à philosophie, et de remplacer les
interprétations métaphysiques et psychologiques, dont on était las, par des interprétations
cosmologiques, dont on avait perdu l'habitude
et le goût. Tel est le fait considérable auquel
nous assistons, et dont il faut que les philosophes comprennent le sens, s'ils ne veulent pas
être envahis par ce flot inattendu.

A la vérité, il y a aujourd'hui, il faut le dire,
de la part des sciences (au moins dans l'école
positive), une prétention exorbitante, contre
laquelle les philosophes ne sauraient trop se
défendre, et qui n'encourage guère aux concessions: c'est celle de prendre la place de la philosophie, d'être la philosophie elle-même. C'est
ce qui arrive d'ordinaire aux puissances qui ont

été trop longtemps méconnues. Lorsque leur
jour vient, ce n'est plus l'influence qu'elles demandent, c'est l'empire ; ce n'est plus le partage du pouvoir, c'est la tyrannie. C'est là qu'en
sont arrivés, je ne dis pas tous les savants,
grâce au ciel, mais un certain nombre d'entre
eux, qui, rangés sous la bannière de M. Auguste
Comte, affirment que la philosophie n'est et ne
doit plus être que la méthode scientifique. Il
est cependant facile de voir, en lisant ces écrivains, même les plus sages, qu'ils n'ont que les
idées les plus confuses et les plus imparfaites
sur la science qu'ils prétendent abolir et remplacer. Rien de plus facile que d'éliminer une
science, lorsqu'on supprime purement et simplement les problèmes qu'elle soulève, que l'on
tient pour non avenus tous les faits qu'elle a
établis et les vérités qu'elle a démontrées. Or
il serait aisé de faire voir, si l'on voulait consentir à examiner les choses de près, que ce
sont là les défauts habituels de l'école positiviste, qui pourrait rendre les plus grands ser-
vices en se contentant d'être une philosophie
des sciences, au lieu de vouloir, comme elle

le prétend hautement, être la philosophie tout
entière.

Mais les excès commis par quelques savants
ne détruisent pas ce qu'il peut y avoir de fondé
dans les réclamations des sciences contre la philosophie. — Eh quoi ! lui disent-elles, vous
voulez être la science des premiers principes et
des premières causes et donner la raison de
toutes choses, et vous supprimez purement et
simplement la nature tout entière ! Vous faites
la science de l'homme, et vous supprimez le
corps humain, comme si l'homme n'était qu'un
esprit pur, ou s'il était dans le corps, selon l'expression d'Aristote, comme un pilote dans son
navire ! Non-seulement ces abstractions ne sont
pas conformes à la nature des choses, mais
elles sont contraires à la tradition philosophique et même à la tradition du spiritualisme. Ni
Platon, ni Aristote, ni Descartes, ni Leibniz,
n'ont ainsi séparé la philosophie des sciences,
ni l'étude de l'homme de l'étude du corps. Bossuet lui-même (que l'on n'accusera pas de témérité), Bossuet n'a pas établi un tel abîme
entre le corps et l'âme, lui qui a dit que l'homme

était un *tout naturel*, lui qui a fait une si large
part, dans son traité de la *Connaissance de soi-
même*, à la physiologie de son temps, physiologie erronée sans doute, mais qui enfin main-
tenait la part nécessaire du physique dans l'être
humain. La philosophie allemande a également
uni la science de la nature à la métaphysique.
Enfin l'école écossaise elle-même, qui a commencé cette séparation, n'a cependant jamais
fait entièrement abstraction des sciences physiques et mathématiques. Telles sont les objections qui nous sont adressées, non-seulement
par les savants et par certaines écoles matérialistes, un peu suspectes en cette affaire, mais de
tous côtés, même par les théologiens, car nous
voyons le père Gratry reprocher à la philosophie spiritualiste d'être une philosophie *séparée*,
c'est-à-dire de s'isoler elle-même, sans com-
muniquer avec les autres sciences.

J'avoue qu'il me paraît bien difficile de ne pas
donner raison, dans une certaine mesure, à
d'aussi graves objections. Sans vouloir revenir
sur les circonstances qui ont amené la séparation dont on se plaint, sans rappeler qu'il a pu

être, qu'il est encore nécessaire de circonscrire
les problèmes pour les mieux étudier, il est plus
court de reconnaître que le spiritualisme doit
s'efforcer aujourd'hui de faire droit à quelques-
unes de ces justes réclamations. Il faut qu'il essaie de suivre les savants sur leur propre terrain, qu'il fasse l'épreuve de ses doctrines en
les confrontant avec les faits physiques et physiologiques. Si le spiritualisme est vrai, il n'a
rien à craindre de cette contre-épreuve, car la
vérité ne peut se démentir elle-même ; mais
si, dédaigneuse à l'excès de ce qui se passe autour d'elle, la philosophie spiritualiste ne s'a-
percevait pas de l'empire chaque jour plus
étendu que conquièrent les sciences positives
dans notre société, et des habitudes d'esprit
qu'elles amènent avec elles, il serait à craindre
que, même en possédant la vérité, elle ne se
vît abandonnée, la plupart trouvant inutile de
raisonner pour établir des vérités que le sens
commun, le cœur et la foi démontrent suffisamment à leurs yeux, et les autres lui contestant
le caractère de science, et opposant à son immobilité les progrès croissants de la physique,

6,

des mathématiques et de la chimie. Le moment serait donc venu, à notre avis, de faire un pas de ce côté. Il y va non-seulement des intérêts de la philosophie, mais des intérêts moraux et religieux de l'humanité, car il en est de l'esprit scientifique comme de la révolution, on ne le refoulera pas. Il faut s'accommoder avec lui ou périr par lui.

Rien de plus conforme d'ailleurs aux plus anciennes traditions de la philosophie. La nature a toujours été l'un des livres que le philosophe a consultés. Jamais aucune grande philosophie ne s'est élevée jusqu'ici sans faire une part considérable à la nature en même temps qu'à l'homme. Socrate a eu beau vouloir circonscrire la science dans le « connais-toi toi-même, » Platon et Aristote eurent l'un et l'autre leur philosophie de la nature. Descartes au XVIIᵉ siècle a été aussi puissant par sa physique que par sa métaphysique. Leibniz et Spinoza ont eu leur philosophie de la nature; Kant lui-même a eu la sienne, Schelling et Hegel à plus forte raison. Seules, l'école de Locke, l'école écossaise et l'école spiritualiste contempo-

raine (1) sont restées à l'écart de ce grand domaine. Il y avait donc là une place à prendre
dans le domaine de la spéculation. Que l'école
positive ait essayé de prendre cette place,
c'était son droit, et c'est encore aujourd'hui sa
principale force.

En dehors des raisons générales et historiques que nous venons d'indiquer, il y a encore
des raisons précises, et toutes philosophiques,
qui recommandent de reprendre les problèmes
métaphysiques par une autre méthode que celle
qu'on a suivie généralement. De quoi s'agit-il
en effet ? De la distinction de l'âme et du corps,
de Dieu et de la nature. Or, si d'un côté les
psychologues sont arrivés à éclaircir, à préciser jusqu'à un certain point la notion de l'esprit,
ils n'ont que les données les plus générales et
les plus vagues sur la nature du corps ; ils em-
pruntent leurs idées sur les corps, soit au sens

(1) Rappelons seulement un ouvrage des plus distingués,
la *Philosophie de la nature* de M. Henri Martin (de Rennes),
où une grande indépendance d'esprit dans les matières scientifiques s'unit à une foi spiritualiste et chrétienne hautement
déclarée.

commun, soit à la tradition philosophique ; quelquefois, tant la nécessité est urgente, ils font
usage de quelques indications scientifiques,
mais sans les contrôler avec soin, comme il
conviendrait pour en bien mesurer la valeur.
En un mot, des deux termes que le problème
oppose, le premier seulement leur présente une
idée scientifique, et l'autre ne leur laisse qu'une
idée vague et obscure. De là une part d'incertain et d'inconnu dans leurs raisonnements,
car, ne sachant pas exactement ce que c'est que
le corps, ils ne peuvent le séparer nettement et
distinctement de l'esprit, comme on fait quand
on compare deux idées parfaitement distinctes.
Quant aux savants, ils se trompent en sens inverse : leur idée du corps, plus ou moins précise, a une valeur scientifique (et encore aurait-
elle besoin d'être élucidée et généralisée par la
philosophie) : mais leur idée de l'esprit est vague, confuse : c'est une notion incomplète.
Comme ils n'ont pas travaillé par les méthodes
qui conviennent à éclaircir cette idée, ils la
croient absolument obscure et la dédaignent.
Autant nous les fatiguons par nos vagues notions

LA PHILOSOPHIE DE M. LITTRÉ. 105

sur les corps, autant ils nous impatientent par leurs préjugés et leurs lieux communs sur la nature de l'esprit. De là une nécessité manifeste d'unir les deux méthodes pour arriver à une distinction aussi précise que possible des deux substances.

Il en est à peu près de même de la distinction de la nature et de Dieu. Les philosophes n'ont pas une idée scientifique de la nature, et les savants n'ont pas une idée scientifique de Dieu. Les uns lorsqu'ils parlent de la nature, les autres lorsqu'ils parlent de Dieu, en parlent comme le vulgaire. Pour le philosophe, la nature n'est la plupart du temps qu'un bel objet, un objet d'admiration, non de connaissance; et quant aux savants, ils sont toujours disposés à croire que le Dieu des philosophes est un Dieu de bonne femme, ou un mot vague n'exprimant que le vide même de toute pensée. De là une philosophie où l'on cherche en vain les données positives, de là aussi une physique où manque une certaine élévation, car la physique elle-même gagnerait sans doute à ne pas trop mépriser les recherches de la philosophie première. M. Biot se plaint lui-même dans ses *Mélanges* que les physiciens de nos jours aient trop abandonné les questions de physique générale et philosophique auxquelles se plaisaient les contemporains de Descartes, de Huygens et de Newton. M. Arago, dans son *Éloge* de Carnot, regrette aussi que les mathématiciens aient un peu trop négligé la métaphysique de la géométrie. Ces aveux sont d'autant plus intéressants que ni M. Biot ni M. Arago ne peuvent passer pour suspects de préventions trop favorables à la métaphysique, et qu'ils étaient plutôt eux-mêmes des exemples du défaut dont ils se plaignaient.

— Voici donc l'idée que je me ferais volontiers d'une philosophie non pas nouvelle, mais renouvelée, qui, sans rien sacrifier des résultats acquis, marcherait toutefois en avant et chercherait des voies inexplorées. Elle se fonderait sur des connaissances positives (physiques, chimiques, physiologiques) aussi bien que sur des connaissances morales et psychologiques. Elle chercherait à tirer des sciences extérieures une idée philosophique et raisonnée des corps et

une idée de la nature. Elle demanderait ce
que c'est qu'un corps, soit à la physique, soit
à la chimie, soit à la physiologie. La première lui donnerait les propriétés générales
de la matière, la seconde les éléments qui la
composent, la troisième les conditions particulières de la matière organisée. Puis elle demanderait à toutes les sciences réunies, y compris les mathématiques, une idée savante et
profonde de la nature. D'un autre côté, persis-
tant dans la voie ouverte par Descartes, elle con-
tinuerait à chercher dans la conscience la vraie
notion de l'esprit ; elle insisterait sur la liberté,
l'individualité, la personnalité morale, — en
un mot sur tous ces attributs humains que les
partisans du monde objectif essayent de ramener à un mécanisme brutal. Elle s'appliquerait
à fonder sur ces données non moins certaines
que les données des sciences positives, le
devoir, le droit, la liberté civile et politique.
Enfin elle recueillerait encore dans la raison
humaine l'idée de l'infini et de l'absolu, qu'on
ne trouvera jamais dans le monde extérieur.
Puis, combinant les données du dehors et celles

du dedans, partant à la fois de la conception de la nature et de la conception de l'esprit, elle s'élèverait à un Dieu qui serait à la fois le Dieu de la nature et le Dieu de l'esprit, mais non pas indifféremment l'un et l'autre, car ce que les Allemands appellent le sujet-objet, — l'indifférence absolue, — ce n'est autre chose que la nature même à son moindre degré : c'est le sommeil de la nature. Non, le Dieu ainsi obtenu par une double induction serait, si vous voulez, au-dessus de l'esprit, mais non pas au-dessous.

Ainsi, en même temps que la philosophie, empruntant le secours des sciences positives, essaierait de s'élever à une notion philosophique de la matière, elle n'abandonnerait pas pour cela son objet propre, qui est l'esprit, et elle persisterait à suivre la voie ouverte par Descartes, par Locke, par Kant, et qui consiste à chercher dans l'analyse de l'âme humaine, de ses idées fondamentales, de ses opérations, en un mot dans la critique de l'entendement humain et dans l'observation intérieure, le fondement de toute métaphysique. Si elle abandonnaît ce terrain, la philosophie sacrifierait son domaine propre, et ne serait plus que la servante des sciences objectives. La science du moi, qu'on peut trouver quelquefois, non sans raison, trop abstraite et trop concentrée en elle-même, n'en est pas moins la base nécessaire, et la seule vraiment scientifique, d'une philosophie indépendante.

Mais s'il est facile de proposer un programme philosophique, rien de plus difficile que de le réaliser. Ainsi, après avoir dit ce que l'on pourrait rêver pour la philosophie future (et c'est déjà beaucoup que de pouvoir pressentir une voie de progrès qui ne serait pas le renoncement absolu à ce qui est acquis, ce qui est trop facile et à la portée de tout le monde) ; après avoir, dis-je, tracé le plan de cette utopie philosophique, il faut se hâter de prévoir toutes les difficultés qu'il rencontrerait dans l'application, toutes les précautions qu'il exigerait pour ne pas échouer misérablement dans un vulgaire matérialisme.

En effet, quelque avantage que présente en théorie l'union de la métaphysique et des

sciences, il est bien rare que dans la pratique
elle donne les résultats qu'on en attend. On oppose sans cesse aux philosophes contemporains
Descartes et Leibniz ; mais, sans parler du rare
et exceptionnel génie de ces grands hommes,
qu'on n'a pas le droit d'exiger de tous ceux qui
se livrent à une science, on oublie que le domaine des sciences physiques et celui des sciences
morales était bien autrement restreint de leur
temps que du nôtre. Après tout, Descartes et
Leibniz n'ont cultivé profondément que les
mathématiques. Dans les sciences philosophiques, ils se sont occupés presque exclusivement
de métaphysique : morale, droit naturel, sciences
politiques, économiques, philosophie des beaux-
arts, toutes ces parties de la philosophie, créées
ou étendues par le xviiie siècle, ne les ont que
médiocrement attirés. Leur entreprise, recom-
mencée aujourd'hui, offre donc d'immenses
difficultés qu'ils n'ont pas connues au même
degré. Or voici ce qui arrive souvent chez les
esprits ambitieux qui essaient cette union si
désirable de la philosophie et des sciences.

Si ce sont des philosophes possédant bien

leur science et leurs méthodes, c'est alors par
les connaissances scientifiques qu'ils laissent à
désirer. Ces connaissances, rapidement acquises
la plupart du temps pour le besoin de leurs
idées, sont vagues, superficielles, inexactes :
par cette fausse science, ils indisposent les savants véritables et déconsidèrent la philosophie
auprès d'eux. Si au contraire ils sont vraiment
versés dans les sciences et en parlent avec exactitude et précision, ce sont alors les connaissances philosophiques qui leur font défaut. Ils
croient introduire une plus grande précision
en philosophie en appliquant à des choses d'ordre si différent les formules qui leur sont fami-
lières : une étude peu attentive leur fait croire
à d'apparentes analogies. L'un applique à la
société humaine la loi de l'attraction universelle, l'autre propose de mesurer le témoignage
des hommes par le calcul des probabilités ; un
autre enfin, voudra démontrer l'immortalité
de l'âme par la mécanique. Quand les formules scientifiques sont absolument inap-
plicables, ces esprits, si exacts dans leur
domaine propre, deviennent confus, ob-

scurs, inexacts dans les questions philosophiques proprement dites, et pour introduire dans
la philosophie un genre de précision qui ne lui
convient pas, ils négligent celui qu'elle peut
admettre ; ils oublient ou ils ignorent des distinctions importantes parfaitement établies, des
analyses de faits déjà poussées très-loin, des
arguments très-solides. Je ne conclus point de
ces observations qu'il faille décourager ceux
qui voudraient essayer de telles [entreprises ;
mais il est bon qu'ils en aient devant les yeux
les écueils et les difficultés.

Pour revenir à l'école positive, cette école,
en niant toute espèce de métaphysique, s'est
condamnée à n'être pas même une philosophie
de la nature, car que serait une philosophie de
la nature sans métaphysique ? Elle n'est donc
guère qu'une philosophie des sciences, et
même, à ce dernier point de vue, je doute
qu'elle satisfasse les vrais savants ; mais enfin
laissons-lui ce domaine que personne ne se
dispose à conquérir (1), et renfermons nos

(1) Il faut signaler toutefois, dans un ordre d'idées analo-
gues à celles de l'école positive, mais plus circonspectes et

critiques dans le domaine de la philosophie proprement dite.

Il est deux points sur lesquels le positivisme me paraît franchir les bornes de la sagesse scientifique : c'est d'abord par sa complaisance (involontaire, j'y consens, mais évidente) pour le matérialisme, en second lieu par sa négation absolue de toute métaphysique. Sur le premier point, M. Littré vient de s'expliquer encore une fois dans la préface de sa nouvelle édition d'Auguste Comte, où il nous fait l'honneur de citer nos études sur le matérialisme contemporain et d'y répondre en quelques pages. On ne s'étonnera pas qu'ayant rencontré un contradicteur aussi éminent, nous tenions compte de toutes ses paroles : aussi bien sommes-nous ici dans le cœur de notre sujet. M. Littré nous dit que l'on se tromperait gra-

plus élevées, l'*Essai sur les idées fondamentales* de M. Cournot, ouvrage ingénieux, plein de vues et de recherches, qui mériterait à lui seul un examen approfondi.

— Depuis la publication de cette note, un livre remarquable a répondu au vœu que j'exprimais. Les *Essais de philosophie critique* de M. Vacherot contiennent une critique profonde et étendue des idées de M. Cournot.

vement en se persuadant que les critiques di-
rigées contre le matérialisme tombent sur la
philosophie positive, et il prend de là occasion
pour séparer de nouveau ces deux idées, et
montrer que le positivisme, désintéressé entre
toutes les écoles spéculatives, n'est pas moins
indifférent au matérialisme qu'au spiritualisme.
Nous sommes très-heureux pour notre part de
cette protestation, et nous n'éprouvons nul
besoin de ranger malgré lui M. Littré parmi les
matérialistes et les athées ; mais est-il vrai
que l'école positive a toujours été aussi sage ?
S'est-elle toujours tenue à égale distance
des deux hypothèses ? Et n'a-t-elle pas penché
d'un certain côté plus que ne le permettait
l'impartialité métaphysique qu'elle affecte en
ces matières ? C'est ce dont il est permis de
douter.

Je demande à l'école positiviste une définition de l'âme. Si cette école est fidèle à ses
principes, si elle veut se dégager de toute hypothèse, elle dira : *âme* est un mot qui désigne
la cause inconnue et hypothétique des phénomènes de pensée, de sentiment et de volonté.

Voilà quelle devrait être la définition positiviste de l'âme, si le positivisme est distinct du matérialisme. Ce n'est pas celle que nous donnent MM. Littré et Robin dans leur édition du *Dictionnaire* de Nysten. Ils nous disent que l'âme est un mot qui signifie, « considéré anatomiquement, l'ensemble des fonctions du cerveau et de la moelle épinière, et, considéré physiologiquement, l'ensemble des fonctions de la sensibilité encéphalique. » Que M. Littré veuille bien nous dire en quoi une telle définition diffère de celle que pourrait proposer le matérialisme le plus déclaré.

Je ne m'arrêterai pas à prouver combien une telle définition est fausse, même au point de vue scientifique. Dire que l'âme est anatomiquement une fonction ou un ensemble de fonctions est une faute que l'on ne pardonnerait guère à un philosophe, si celui-ci avait eu le malheur de la commettre, car tout le monde sait que l'anatomie ne s'occupe que de la structure des organes et non de leurs fonctions. Je ne demanderai pas non plus comment il se fait que le domaine anatomique de l'âme soit plus

étendu que son domaine physiologique, l'un
comprenant tout le système nerveux, et l'autre
réduit à l'encéphale. Toutefois ces erreurs et
ces bizarreries ne sont rien auprès de la contradiction radicale qui existe entre une telle
définition et la prétendue méthode de l'école
positive. Si vous ne savez rien de l'essence des
choses, pourquoi déclarez-vous que l'âme est
une fonction du système nerveux? Qui vous l'a
dit? De quel droit invoquez-vous une telle hypothèse, qui, après tout, est une hypothèse
métaphysique, car personne n'a jamais vu de
ses yeux un cerveau penser? Si au contraire
vous êtes assuré que le cerveau pense, pourquoi affecter ce prétendu désintéressement
entre le matérialisme et le spiritualisme? Pourquoi ne pas dire tout simplement que ce sont
les matérialistes qui ont raison? Pourquoi
écarter d'abord par une fin de non-recevoir
toutes les solutions pour choisir ensuite celle
qui vous convient? Pourquoi se couvrir d'un
apparent scepticisme, qui peut séduire les
esprits exigeants, pour leur imposer ensuite,
comme une conséquence nécessaire, la con-

fusion de l'âme et du système nerveux? Il
est facile de montrer que les positivistes tombent dans la même inconséquence à l'égard
de Dieu, car tantôt ils se contentent de dire
que l'homme ne peut rien savoir des causes
premières et des causes finales, tantôt ils nient
toute cause première (en dehors du monde)
et toute cause finale. — Tantôt il semble que,
pour eux, Dieu soit un inconnu qui échappe à
toute définition et à toute détermination scientifique (ce qui n'en exclut pas la possibilité) ;
tantôt ils déclarent expressément qu'il n'y a
rien en dehors de la nature et de ses lois. En
un mot, il serait possible au positivisme, s'il
eût étudié un peu plus la philosophie, de
prendre une assez belle place parmi les écoles
que le scepticisme de Kant a enfantées ; mais
trop souvent il retombe, comme malgré lui,
dans l'ornière banale du matérialisme athée
du XVIIIᵉ siècle.

Sans aller chercher bien loin, j'en trouverai
la preuve dans la nouvelle préface de M. Littré.
Il consacre quelques pages de cette préface à
l'une des questions qui lui tiennent le plus à

7.

cœur, ainsi qu'à nous, la question des causes
finales. Il nous fait d'abord une grave concession, car il reconnaît que dans certains cas,
par exemple dans la structure de l'œil, la
finalité est à peu près évidente. Il pourrait
signaler d'autres faits non moins frappants : les
sexes notamment, dans lesquels il faut plus que
de l'aveuglement pour nier le dessein et le
but ; mais cette concession faite, M. Littré croit
triompher en nous opposant tous les faits contraires, tous ceux où la nature organisée ne
sait pas atteindre son but, ou même se trompe
et travaille contre elle-même.

De ces deux ordres de faits, en supposant
qu'ils fussent égaux en nombre et en autorité
(ce qui n'est pas à beaucoup près), que devrait
conclure le vrai positiviste, celui qui serait
vraiment dégagé de toute prévention métaphysique, celui qui n'aurait pas déjà un parti pris
dans son cœur ? Il conclurait, à notre avis, en
ces termes : « Puisque la nature nous présente
deux séries de faits, les uns favorables, les autres contraires aux causes finales, abstenons-
nous de juger. Peut-être y a-t-il de semblables

causes, peut-être n'y en a-t-il pas. Tout au plus
pourra-t-on dire que, s'il y a une cause pré-
voyante qui poursuit des fins, cette cause n'a pas
su et n'a pas pu toujours trouver les meilleurs
moyens d'arriver à ses fins. » Telle serait la
seule conclusion légitime de l'expérience (j'entends au point de vue positiviste). Est-ce bien là
celle de M. Littré ? Nullement. Au lieu de rester
dans le doute, il affirme, et qu'affirme-t-il ?
C'est que la propriété de s'accommoder à des
fins, de s'ajuster, comme il dit, est une des
propriétés de la matière organisée. Il est de
l'essence de cette matière de s'approprier à des
fins, comme il est de son essence de se contrac-
ter ou de s'étendre, de se mouvoir ou de sentir.
Ainsi au lieu d'écarter toute recherche sur la
cause première de la finalité dans les êtres
organisés (ce qu'exigerait la méthode positive),
M. Littré enseigne que cette cause première,
c'est la matière organisée elle-même (ce qui
est le lieu commun des écoles matérialistes).
La contradiction est éclatante ; ici, comme
pour l'âme, l'école positive se réfute elle-
même, et l'on peut lui dire : Ou bien vous

connaissez la cause première de la pensée, de la volonté, de finalité, renoncez donc
· à votre inutile positivisme, ou bien vous per-
sistez à affirmer qu'on ne sait rien des causes
premières, et dès lors renoncez à votre
matérialisme; ne dites plus que l'âme est une
fonction du système nerveux, que la finalité est
une propriété de la matière organisée. Choi-
sissez entre Épicure et Kant, entre le dogmatisme athée et le scepticisme transcendant.

On s'étonne d'ailleurs de voir un esprit aussi
familier que celui de M. Littré avec la méthode
scientifique se payer aussi facilement de mots
que dans cette phrase où il nous dit que la matière organisée s'ajuste à ses fins, parce que
c'est une de ses propriétés. Qui ne reconnaî-
trait là une de ces qualités occultes dont vivait
la scolastique, et que la science moderne tend
partout à éliminer? Que M. Littré veuille bien
y penser, et il avouera qu'il n'existe pas une
sorte d'entité, appelée matière organisée, qui
serait douée, on ne sait pourquoi ni comment,
de la propriété d'atteindre à des fins: ce qui
existe en réalité, c'est un ensemble de solides,

de liquides, de tissus, de canaux, de parties
dures, de parties molles, en un mot un ensemble incalculable de causes secondes et d'agents
aveugles qui tous se réunissent dans une action
commune, qui est la vie. Ce qu'il faut expliquer, c'est comment tant de causes diverses
s'entendent pour arriver à produire cette action commune ; c'est cette coïncidence de tant
d'éléments divergents dans un effet unique. Dire
que cette rencontre, cette coïncidence est une
chose toute simple et s'explique par une vertu
accommodatrice dans la matière (car n'est-ce
pas là ce que M. Littré appelle la propriété de
s'ajuster à des fins ?), c'est ressusciter les vertus
dormitives et autres de la scolastique. Dans un
autre écrit (1), M. Littré a pourtant combattu
avec une éloquente vivacité la *vertu médica-
trice* de l'école hippocratique. En quoi est-il
plus absurde d'admettre dans la matière organisée la propriété de se guérir soi-même que
la propriété de s'ajuster à des fins ?

Nous croyons donc que le positivisme se

(1) *Revue des deux mondes* du 15 avril 1846.

débat entre deux courants contraires. L'esprit élevé et scientifique de M. Littré sait très-bien que le matérialisme n'est pas démontré, et il voudrait se tenir à égale distance de cette doctrine et de la doctrine opposée ; mais d'un autre côté les habitudes de l'éducation, l'entraînement fatal du savant, qui n'a pas trouvé de contre-poids dans l'étude des sciences psychologiques et morales, plus que tout cela peut-être, la pression de certains disciples plus ardents que ces tempéraments ne satisfont point, telles sont les causes de ce conflit interne dont le positivisme doit se dégager, s'il veut compter parmi les sérieuses écoles philosophiques de notre temps.

Le second point sur lequel cette école me paraît manquer d'esprit philosophique est sa négation absolue et exclusive de toute métaphysique. Je n'entrerai point ici dans la question tout abstraite (et qui serait déjà un problème métaphysique) de savoir s'il y a des idées absolues dans l'esprit humain, et si à ces idées correspond en dehors de nous quelque chose d'absolu ; mais, prenant la question du dehors,

je dis que retrancher de l'esprit humain la recherche des causes premières et des causes
finales est une tentative si violente, si contraire
aux lois de notre entendement, si démentie
par l'histoire, que je ne puis concevoir que les
positivistes aient l'espoir d'y réussir. Assuré-
ment leur critique de la métaphysique est bien
faible et bien superficielle en comparaison de
celle de Kant. Celui-ci critiquait ce qu'il con-
naissait profondément, et les positivistes com-
battent ce qu'ils ne connaissent pas du tout.
Eh bien! Kant avait à peine dit son dernier
mot que Fichte, pour expliquer ce mot, ren-
trait dans la métaphysique, et l'on a vu cet
étrange phénomène, le scepticisme le plus
hardi engendrant par la force même de la logique l'ontologie dogmatique la plus audacieuse
que la philosophie ait connue. Après un tel
exemple, qui pourrait croire en avoir fini avec
la métaphysique? Qui se flatterait d'avoir, suivant l'énergique expression d'Hamilton, « exor-
cisé à jamais le fantôme de l'absolu » ?

Comme les hommes sont surtout sensibles
aux raisons qui se présentent sous la forme

d'aphorismes ou d'axiomes, on a résumé toutes
les critiques contre la métaphysique par cette
formule, qui pour beaucoup d'esprits est pé-
remptoire : « la métaphysique n'est pas une
science » ; mais il me semble qu'il faut y regarder de plus près, et ne pas condamner
sur l'étiquette une étude qui a pendant si longtemps occupé les plus grands esprits. Tout dé-
pend de la définition du mot science. Si l'on
prend pour type absolu les sciences rigoureusement démonstratives, par exemple les mathématiques, ou, dans l'ordre expérimental, l'astronomie, certaines parties de la physique et de
la chimie, j'accorde que la métaphysique n'est
pas une science; mais n'est-ce pas là une définition arbitraire de mots? Ce ne sera pas seulement la métaphysique que l'on condamnera
au nom d'une définition étroite, ce sera toute
science morale en général, car ces sortes de
sciences échapperont toujours aux procédés
rigoureux des sciences exactes. L'histoire, par
exemple, peut-elle être une science au même
titre que l'astronomie et la chimie ? Non, sans
doute, car il lui manquera toujours deux grands

procédés de vérification, l'expérience et le
calcul. Dira-t-on que sur certains faits l'accord
des témoignages est un argument qui équivaut
pour l'exactitude à l'observation immédiate ?
J'y consens; mais un tel accord n'a jamais lieu
que pour les grands faits. Quant aux faits dé-
licats (qui sont souvent les plus intéressants), il
faudra toujours laisser une assez grande lati-
tude à l'interprétation de l'historien, c'est-à-
dire à un procédé moins rigoureux. Il est enfin
une partie de l'histoire qui échappera toujours
aux procédés de la méthode positive : c'est la
pensée, c'est l'âme, c'est la morale. Retranche-
rez-vous tous ces éléments comme trop poétiques ? Interdirez-vous à Montesquieu ses con-
sidérations, à Tacite ses jugements ? Réduirez-
vous l'histoire au positif, c'est-à-dire à l'écorce ?
Renoncerez-vous au fruit, c'est-à-dire à la
pensée, dont l'histoire n'est que la manifes-
tation? Si vous faites cela, vous mutilez l'esprit
humain; si vous ne l'osez faire, reconnaissez
qu'il y a des sciences de diverse nature et de
divers degrés. Pourquoi la métaphysique ne serait-elle pas une de ces sciences ?

Que si vous dites que le rapprochement est inexact, parce que l'histoire après tout ne s'occupe que de faits, et que c'est encore là le domaine du relatif, tandis que la métaphysique prétend connaître l'inaccessible, c'est à-dire l'absolu, je réponds que vous posez ce qui est en question, à savoir que l'homme ne possède aucune notion absolue et ne doit s'occuper que du relatif, proposition qui ne pourrait être démontrée que par la science même que vous excluez. D'ailleurs il faut distinguer l'invisible de l'absolu, et quand même on accorderait que l'homme ne peut atteindre aux derniers éléments des choses, il ne s'ensuivrait pas qu'il fût forcé de s'en tenir aux phénomènes, car au delà de ces phénomènes il peut y avoir des causes et des substances, qui, sans être elles-mêmes des principes premiers, seraient encore des principes relativement à nous. Et enfin, lors même qu'on n'accorderait aucune réalité objective à ces notions de cause, de substance, de temps, d'espace, d'infini, qui nous enveloppent et s'imposent impérieusement à toutes nos pensées, il y aurait toujours à analyser et

à critiquer ces idées, à montrer le lien qui les
unit, à en faire un système, et la métaphysique
subsisterait encore à titre d'idéologie.

Mais enfin accordons (en prenant ce terme
de science dans son sens le plus étroit) que la
métaphysique n'est pas une science : je ne vois
pas encore ce que l'on en conclura. Conclura-
t-on qu'il faut supprimer la mét physique ? —
Alors faut-il donc supprimer tout ce qui n'est
pas la science ? C'est ce que je vous prierai de
me démontrer. Eh quoi ! en dehors de la
science armée de tous ses procédés, il n'y a
plus rien pour l'homme que de se livrer à ses
instincts, à ses sens, à ses appétits, à ses imagi-
ninations ! Nous prétendons qu'il y a quelque
autre chose, c'est la pensée. Et oserez-vous
soutenir que tout ce qui n'est pas scientifique
(toujours dans le sens étroit que vous entendez)
n'est pas la pensée ? Entre la vie purement
scientifique et la vie animale, il y a un milieu
qui est la vie propre de l'homme, et qui le caractérise entre toutes les espèces de la nature,
c'est la vie pensante et réfléchie. Or quiconque
pense et réfléchit est un philosophe, et quicon-

que pense et réfléchit sur les origines des choses
est un métaphysicien. Supposez que ces pensées
et ces réflexions, au lieu d'être accidentelles,
passagères, mêlées aux actions de la vie, deviennent l'objet continu et profondément mé-
dité d'un esprit supérieur, vous voyez alors la
philosophie et la métaphysique s'élever au-dessus de la raison vulgaire et prendre le titre
de sciences. Nous prétendons qu'elles en ont
le droit : vous le contestez, soit ; mais c'est là
un vain débat. L'important est de savoir si elles
devront cesser d'être, parce que, dans vos or-
gueilleuses et étroites définitions de la science,
vous leur aurez interdit ce nom. S'il en est ainsi,
interdisez donc à tout homme de penser, hors
à ceux qui manient l'algèbre et les cornues ;
établissez une nouvelle inquisition, et déclarez
qu'en dehors des laboratoires et des amphi-
théâtres d'anatomie la pensée est défendue. Si
vous reculez (ce qui n'est pas douteux) devant
une extrémité aussi absurde, laissez la pensée
s'exercer sur tout ce qui l'attire et la sollicite ;
acceptez comme un des plus nobles fruits de
l'esprit humain cette pensée, sous sa forme la

plus abstraite. Libre à vous de lui donner le
nom qui vous plaira.

C'est une chose incroyable que les hommes
ne puissent jamais se contenter d'une idée
juste, et qu'ils n'en aient pas plutôt une de ce
genre qu'ils éprouvent le besoin d'en faire une
idée fausse. Par exemple, il n'y a pas sans
doute grande nouveauté à faire remarquer que
la philosophie est divisée en écoles et en systèmes, tandis que dans les sciences proprement
dites on voit chaque jour augmenter le nombre
des vérités incontestées sur lesquelles tout le
monde est d'accord ; il n'y a pas là, je le répète, une grande découverte, et cependant
c'est là un fait si remarquable, si important, si
fâcheux, que si l'école positive s'était contentée
d'y insister, et de tirer de là une ligne de dé-
marcation entre la philosophie et les autres
sciences, on eût bien été obligé de reconnaître
qu'elle avait raison. Si ensuite elle eût cherché
l'explication de ce fait, si elle en eût donné de
bonnes raisons, si elle avait proposé quelques
moyens pour en atténuer les conséquences,
elle aurait rendu service à la philosophie. Au

contraire, entraînée par une aversion précon-
çue, elle s'est contentée de nier, d'exclure; au
lieu de nous éclairer et de nous aider, elle
nous excommunie : solution négative et stérile,
qui se contredit elle-même, car l'école positive
est après tout une de ces écoles qui partagent
la philosophie. Si elle critique, elle est criti-
quée; elle a des partisans et des adversaires;
elle n'est pas seulement juge du combat, elle
est au nombre des combattants. Elle-même a
déjà ses sectes et ses écoles.

Si M. Littré voulait aller jusqu'au bout de sa
pensée, il s'apercevrait que ses principes vont
jusqu'à détruire non-seulement la métaphysique, mais toute philosophie, y compris la
sienne. Si en effet l'esprit humain ne doit rien
admettre que les faits constatés et les lois démontrées, il n'y a rien, absolument rien, en
dehors des sciences positives elles-mêmes, qui
sont précisément l'assemblage de ces faits et
de ces lois. Il y aura donc une physique, une
chimie, une zoologie, mais point de philosophie. Réunissez en un certain nombre de trai-
tés toutes les vérités constatées dans chacune

de ces sciences, vous avez la science en général, qui ne sera que la collection des sciences
particulières. Est-ce ainsi que vous l'entendez ?
Non sans doute; vous voulez, vous croyez
avoir une philosophie. Or cette philosophie, si
elle est quelque chose, contient nécessairement
des idées qui dépassent le domaine de la démonstration positive, des généralisations plus
ou moins sujettes à conjectures ou à contestation, en un mot des théories, et même une
théorie générale embrassant toutes les théories. Encore une fois, si elle ne contient rien
de semblable, elle n'est rien. Or les savants,
dans chaque ordre de sciences, distinguent les
théories des vérités constatées et démontrées.
Les théories ne leur sont que des moyens et
des échafaudages qu'ils abandonnent à la liberté des interprétations. Que diront-ils donc
d'une théorie générale qui embrasserait toutes
ces théories conjecturales? Pour eux, tout cela
c'est de la métaphysique. Que M. Littré veuille
bien interroger la plupart des savants, et il
verra que sa propre philosophie leur est une
chose aussi conjecturale et aussi arbitraire que

le sont à ses yeux les théories des métaphysiciens. Si positif qu'on soit, on passera toujours
pour un métaphysicien, c'est-à-dire pour un
chimérique, à l'égard de quelques-uns. En un
mot, la philosophie positive se décompose en
deux éléments hétérogènes : des considéra-
tions philosophiques qui ne sont point positives, et des notions positives qui ne sont point
philosophiques.

La philosophie positive obéit, comme toute
philosophie, à cette tendance qui nous fait
chercher en toute chose le général, et qui, de
généralités en généralités, nous conduit à la
plus haute généralité possible. Or d'où peut
nous venir ce besoin d'une généralité toujours
de plus en plus grande, s'il n'y a pas dans l'esprit humain une idée qui dépasse tous les phénomènes possibles? Ce penchant vers la généralité n'aurait-il pas sa source dans une idée
d'absolu, inconsciente d'elle-même? Et lorsque M. Littré rejette l'hypothèse d'un absolu
transcendant et nous représente la nature
comme un tout complet se suffisant à soi-
même, que fait-il donc autre chose que

de transporter l'idée d'absolu de Dieu à la nature, et comment une telle vue pourrait-elle se disculper d'être une vue métaphysique ?

Le positivisme a donc une métaphysique, mais inconsciente. Voici comment on peut s'expliquer l'origine d'une telle philosophie. Il est des esprits qui ont été élevés et nourris dans les sciences exactes et positives, et qui cependant éprouvent une sorte d'instinct philosophique. Ils ne peuvent satisfaire cet instinct qu'avec les éléments qu'ils ont à leur portée. Ignorants des sciences psychologiques, n'ayant étudié que par le dehors la métaphysique, ils combattront donc la métaphysique ou la psychologie. Ils croiront avoir fondé une science positive, tandis qu'ils n'ont fait qu'une métaphysique incomplète et mutilée. Ils s'attribuent l'autorité et l'infaillibilité qui appartiennent aux sciences proprement dites, aux sciences d'expérience et de calcul ; mais cette autorité leur manque, car leurs idées, si défectueuses qu'elles soient, sont de la même famille que celles qu'ils attaquent. De là la faiblesse de leur

P. JANET.   8

situation, de là la dispersion inévitable de leurs
idées, dont les unes retourneront aux sciences
positives, d'où elles sont issues, et les autres
iront retrouver la science philosophique, à laquelle elles appartiennent.

Les positivistes ont raison quand ils combat-
tent une métaphysique qui construit la nature
à priori, ou qui, dans la formation de ses
synthèses, néglige entièrement la nature; mais
ils ont tort lorsqu'ils contestent à la métaphysique le droit de chercher dans l'analyse de
l'esprit humain et dans la critique de l'entendement un fondement à la science du monde
intellectuel et du monde moral. Ici ce n'est
plus leur science qui proteste, c'est leur ignorance; ce n'est plus une juste réclamation,
c'est un orgueilleux empiétement; ce n'est plus
liberté et progrès, c'est tyrannie et préjugé. Il
y a des esprits qui n'ont pas le goût de la métaphysique; qu'ils s'en abstiennent, rien de
mieux : ils seront plus utiles en faisant autre
chose; mais que, mesurant les destinées de
l'esprit humain d'après leurs goûts et leurs in-
clinations, ils veuillent supprimer toute re-

cherche dont ils ne sont point eux-mêmes curieux, c'est là une vue si aveugle et si étroite,
qu'on ne peut trop en admirer la naïveté et
l'impuissance.

IV

De tous les esprits indépendants qui, depuis une dizaine d'années, ont cherché leur voie en dehors des sentiers tracés, le plus distingué et le plus fort ne doit pas être le plus populaire. Plus la science est élevée et sérieuse, moins elle est accessible à la foule ; mais si le mérite philosophique consiste dans la recherche sévère, abstraite, entièrement désintéressée des principes et des causes, si le philosophe doit étudier les questions en elles-mêmes et ne s'élever à la solution que par un lent et laborieux enfantement, si, évitant de parler aux passions, ne cherchant pas le succès, ne songeant ni à plaire ni à déplaire, il n'a d'autre ambition que de se satisfaire soi-même (au risque de ne pas satisfaire tout le monde), si ce sont là les rares qualités du métaphysicien, on ne saurait contester ce titre à un philosophe dont nous ne partageons pas toutes les doctrines, mais qui mérite plus qu'aucun autre le respect et l'examen, M. Vacherot.

M. Vacherot est avant tout un métaphysicien, et c'est par là qu'il se distingue de tous les esprits critiques et sceptiques auxquels on est tenté d'associer son nom. Parmi ceux-ci, les uns nient entièrement la métaphysique, les autres s'en font une de fantaisie, qu'ils mêlent en passant à toute autre chose. Pour lui, il vit, il respire, il plane avec une joie sereine et candide, avec une liberté et une souplesse singulières, au sein des idées métaphysiques. Ce sont pour lui, comme dirait Malebranche, des viandes solides ou savoureuses, aux prix desquelles les viandes réelles ne sont que de pures apparences. Il peut dire encore, comme Jouffroy lorsqu'on le forçait de quitter ses contemplations intérieures pour les nécessités quotidiennes de la vie, « qu'il abandonne le monde des réalités pour entrer dans celui des ombres

8.

et des fantômes ». Ce goût des idées pures
donne à son livre *De la Métaphysique et de la
Science*, ouvrage plein de talent, quoique sans
art, une sérénité, une placidité touchante malgré l'aridité de certaines conclusions. Le style
est ample, libre, pur, noble, et en quelque
sorte idéal. Enfin, en lisant ce remarquable
ouvrage, on sent qu'on n'est plus dans le domaine de la fantaisie, mais dans celui de la
science. Ce n'est plus une agression volontaire,
préméditée, insidieuse, ayant pour objet l'éta-
blissement d'une puissance nouvelle sur les
ruines d'une puissance passée : c'est une recherche pure et sincère, commandée par la
conscience et dictée par l'entendement. C'est
un plaisir de discuter avec de tels esprits, car
on sent qu'ils ne veulent pas nous tromper.
Entre eux et nous, il n'y a qu'un seul juge : ce
n'est pas l'opinion, ce n'est pas la foule, ce
n'est pas tel ou tel parti, c'est la raison même,
le verbe éternel, qui illumine tout homme ve-
nant en ce monde.

D'ailleurs il serait tout à fait inexact de voir
dans M. Vacherot un adversaire partial et pas-

sionné du spiritualisme ; il en est plutôt, sur
certains points importants, un auxiliaire indé-
pendant. Ayant vécu pendant longtemps dans
le sein de l'école spiritualiste, il a conservé
quelques-uns de ses principes les plus essentiels. Il en admet d'abord le principe fondamental, à savoir que la psychologie est le fondement de la métaphysique, et qu'il faut s'élever
de l'une à l'autre. N'est-ce pas là ce qu'ensei-
gnent M. Maine de Biran, M. Royer-Collard,
M. Cousin, M. Jouffroy ? N'est-ce pas par ce
principe que cette école se distingue et se caractérise entre toutes les écoles du siècle ?
M. Vacherot est aussi opposé que possible à
tous ceux qui veulent faire dériver l'âme des
forces inférieures de la nature et composer le
plus parfait avec le moins parfait, ce dont, pour
le dire en passant, il devrait se souvenir un
peu plus lui-même dans sa théodicée. Comme
nous, il admet que l'âme n'est pas une résultante ou un composé, mais une force indivi-
duelle ayant conscience d'elle-même, que cette
conscience n'atteint pas seulement les phénomènes, mais l'être et ses puissances essentielles,

l'activité, l'individualité, la liberté. Sur cette psychologie toute spiritualiste, il fonde une morale toute stoïcienne, il admet avec Kant et Jouffroy une loi morale, absolue et universelle, qui s'impose à toute conscience avec une irré-sistible autorité. Il croit à la responsabilité mo-rale, à la justice distincte de l'intérêt, au droit et au devoir fondés sur des rapports absolus. Ainsi, sur la plupart des grandes questions de la psychologie et de la morale, M. Vacherot soutient les doctrines spiritualistes, à sa manière à la vérité, mais sans qu'aucun grand principe soit mis en péril. En est-il de même en théodicée ? Il faut reconnaître que non ; c'est sur ce terrain, c'est sur la défini-tion de Dieu que M. Vacherot se sépare de ses anciens amis, et remplace la théodicée de Leibniz par celle de Hegel, ou le spiritua-lisme français par l'idéalisme allemand. Quel est le point précis sur lequel porte la dissi-dence ? C'est ce que nous essayerons d'expli-quer.

Il est un point de doctrine qui, dans l'école cartésienne et dans l'école spiritualiste contemporaine, n'a jamais été mis en discussion : c'est qu'en Dieu l'infini et le parfait sont une seule et même chose. Démontrer l'existence de l'être infini, c'est démontrer l'existence de l'être parfait. L'être et le bien s'identifient par définition même. Cette doctrine est celle de tous les cartésiens, de Descartes d'abord, de Spinoza, de Malebranche, de Fénelon ; elle n'a jamais soulevé l'ombre d'un doute dans le monde cartésien. Elle a été également adoptée dans l'école spiritualiste contemporaine. Dans cette école, c'est un principe hors de toute contestation, qu'il y a dans l'âme humaine une foi naturelle et irrésistible à l'infini et au parfait. Il y a un élan naturel qui, des choses relatives et contingentes, nous porte à l'affirmation d'un être absolu, nécessaire et parfait. Partout où quelque degré de réalité se présente à nous dans la nature, nous transportons par la pensée cette réalité dans l'absolu, et Dieu est ainsi le lien de toutes les idées et de toutes les essences ; il contient éminemment et sous la raison de l'infini tout ce que l'âme et la nature possèdent de perfections incomplètes. C'est ce

que l'on appelle l'intuition pure, l'intuition immédiate du divin.

Or toute la métaphysique de M. Vacherot a
pour objet de séparer les deux idées que l'é-
cole cartésienne et le spiritualisme contemporain unissaient d'une manière si étroite, l'infini
et le parfait. Ces deux idées sont profondément
distinctes et appartiennent à deux ordres différents. La première est en effet le produit immé-
diat de la raison pure : nous ne pouvons penser le fini sans penser l'infini, le contingent
sans le nécessaire, le relatif sans l'absolu; mais
nous pouvons percevoir l'imparfait sans affirmer nécessairement l'être parfait. Ici nous n'a-
vons plus affaire qu'à un type, à un idéal, dont
notre pensée sans doute a besoin comme d'une
règle, mais dont nous ne devons pas affirmer
la réalité.

Si l'on se demande sur quoi M. Vacherot se
fonde pour séparer deux ordres de notions jusqu'ici inséparables, — l'être, l'infini, le nécessaire d'une part, de l'autre le parfait et le bien,
— on le comprendra, je crois, pour peu qu'on
réfléchisse qu'il nous est impossible de ne pas

concevoir et affirmer un premier principe existant par soi-même, mais que rien ne nous as-
sure à priori que cet être soit parfait. L'humanité a toujours affirmé un principe des choses,
et par là même quelque chose de nécessaire et
d'infini ; mais elle n'a pas toujours affirmé que
ce principe des choses fût bon et parfait. La
perfection à l'origine des choses a besoin d'être
démontrée ; la nécessité et l'infini n'en ont pas
besoin. Puisque quelque chose existe, il faut
bien que quelque chose ait existé de toute éternité et par conséquent d'une manière nécessaire : le contraire est absurde et impossible :
mais il n'y a rien d'absurde à admettre, au
moins avant démonstration, que l'idéal absolu
n'existe pas réellement en dehors de notre
pensée.

La dialectique de Platon, qui ramenait chaque classe d'êtres à un type absolu, et qui
admettait l'homme en soi, l'animal en soi, le
feu en soi, modèles éternels et parfaits des
réalités imparfaites, a été convaincue par Aristote de prendre des abstractions pour des réalités. Qui a jamais compris l'existence d'un ani-

mal en général qui ne serait pas un certain animal
en particulier ? Et s'il est un tel animal, comment pourrait-il être parfait? Tout individu peut
toujours être supposé plus parfait qu'il n'est.
Les *types* et les *idées* de Platon sont donc de
pures illusions, si toutefois on veut les réaliser
quelque part en dehors de la pensée : ils ne
sont vrais que comme lois de la pensée et de
l'esprit. Eh bien , ce qui est vrai de chacun de
ces types en particulier, de chacune de ces
idées, doit l'être également du type des types,
de l'idée des idées, en un mot du dernier type
et de la dernière idée, terme de la méthode dialectique. De même que l'archétype de l'homme
n'est qu'une abstraction , de même l'archétype
de l'être n'est qu'une abstraction. Si l'on entend
par là l'être en général, il ne peut pas exister
plus que l'homme en général, l'animal en général. S'agit-il au contraire d'un individu, ce n'est
plus alors l'être infini et absolu : c'est un certain
être, c'est-à-dire quelque chose de limité et par
conséquent d'imparfait. Le parfait absolu implique donc contradiction.

Ainsi il est évident que pour M. Vacherot l'ê-

tre parfait ne peut exister que dans la pensée,
et non dans la réalité. La réalité est indigne de
lui. Tout ce qui est réel est imparfait. L'existence elle-même à l'encontre de ce que disaient
les cartésiens, est une imperfection. Tandis que
ceux-ci raisonnaient ainsi : « si Dieu est parfait, il doit nécessairement exister, » M. Vacherot dirait volontiers au contraire : « Si Dieu est
parfait, il est impossible qu'il existe, car aussitôt
qu'il existerait, il deviendrait imparfait. » C'est
en quelque sorte par respect pour la nature divine que M. Vacherot lui interdit l'existence.
Aussi refuse-t-il de donner au monde le nom de
Dieu, car c'est profaner Dieu que de le confondre avec le monde. Le monde est rempli de
mal, d'erreur, de désordre, d'imperfection :
comment serait-il un Dieu ? C'est en se plaçant
à ce point de vue que M. Vacherot s'écrie avec
une énergie passablement hyperbolique que le
panthéisme est « un crime (1). »

Mais, lui dira-t-on, vous n'évitez le panthéisme

(1) « Vous comprenez alors l'erreur, je dirais presque le
crime du panthéisme. » (*De la métaphysique*, etc., t. III,
p. 261.

que pour tomber dans l'athéisme (1), puisque
vous refusez d'une part de reconnaître que le
monde est Dieu, et que de l'autre vous n'admettez rien de réel en dehors du monde ! —
M. Vacherot proteste énergiquement contre
une semblable accusation. Il a autant d'aversion
pour l'athéisme que pour le panthéisme, tout
en affirmant que Dieu n'est qu'un idéal, qui
n'existe que dans la pensée. Seraient-ce seulement sa conscience et son cœur qui se soulè-
vent en cette occasion ? serait-ce un reste de
piété naturelle qui, dans le vide fait par la réflexion, s'attache à une ombre conservée par
l'imagination ? Est-ce un défaut d'audace et de
conséquence qui recule devant le mot, tout en
admettant la chose ? On peut le croire ; il y a
cependant quelque chose de plus.

Je suppose que vous ayez à juger le stoïcisme.
Cette doctrine admet un certain type, un certain modèle que la vertu a pour but de réaliser.

(1) Nous trouvons cette objection dans un livre de M. Eu-
gène Poitou sur *les Philosophes français contemporains*, ouvrage estimable, écrit au point de vue du plus pur spiritualisme.

Ce modèle est ce que les stoïciens appelaient
« le sage. » Jamais un tel sage n'a existé, jamais il n'existera ; néanmoins il peut être conçu
par la pensée, et cette conception est la loi de
la conduite humaine. Or je conçois très-bien
que l'on critique une telle doctrine, qu'on lui
reproche d'avoir pour type de vertu une vaine
abstraction, de se nourrir de chimères. Je conçois que l'on dise : Il faut à la vertu un type
vivant et réel, Jésus-Christ suivant les chrétiens,
Dieu suivant les platoniciens ; mais ira-t-on
pour cela jusqu'à confondre le stoïcisme avec
l'épicurisme, et, parce qu'il poursuit une vaine
perfection, l'assimiler à ceux qui nient toute
perfection ? En un mot, le stoïcien, si creuse
que puisse être sa vertu, ne saurait être ra-
baissé au niveau de ce troupeau vulgaire qui
n'a d'autre ciel que les sens, et d'autre mesure
du bien et du beau que la jouissance et le désir.

Ce qui est vrai en morale me paraît également vrai en théodicée ; et si je raisonne d'une
manière analogue, je ne craindrai pas de dire
à M. Vacherot : « Votre idéal divin est un rêve ;
c'est un fantôme qui n'a pas de corps, c'est une

abstraction dont rien ne me garantit la soli-
dité. » Je ne lui dirai pas cependant : « Vous
êtes un athée, » non-seulement par politesse,
mais encore par équité. On prétend que l'idéal
ne suffit pas à distinguer une doctrine d'une
autre, car quel philosophe n'admet pas un certain idéal ? Je réponds : « Où est l'idéal d'Épi-
picure (je ne parle pas de Lucrèce, qui est un
poëte) ? Où est l'idéal de Lucien, de Lamettrie,
de d'Holbach, de Naigeon, c'est-à-dire des vrais
athées ? » M. Vacherot, quoi qu'il fasse, sera
toujours un platonicien. Sans doute, son platonisme a passé par la critique de Kant, et en
traversant ce crible redoutable, il est devenu
l'ombre de lui-même. Je le regrette ; mais partout où je reconnais les vestiges du divin Platon, je reconnais aussi une âme poétique, religieuse, amie du beau éternel, d'une race profondément différente de la race des athées.

M. Vacherot consent si peu à être confondu
avec les athées, qu'il conserve la théodicée au
rang des sciences philosophiques, et la place
même en première ligne. Il la distingue de la
métaphysique. La métaphysique a pour objet

l'être infini, et la théodicée l'être parfait. La
métaphysique a un objet réel, la théorie un
objet idéal. La métaphysique a pour objet la
cause efficiente, et la théodicée la cause finale.
On demandera comment on peut faire la science
d'un objet qui n'existe pas. M. Vacherot répond
en demandant à son tour si l'objet de la géométrie existe réellement, s'il y a quelque part dans
l'univers de pures surfaces, de pures lignes, de
purs points, s'il y a des cercles parfaits, des
triangles inscrits ou circonscrits, si ce ne sont
pas là de purs idéaux. Et cependant quelle
science plus solide et plus certaine que la géométrie? On peut donc faire la science d'un objet
qui n'existe pas, et cette science, loin d'être
inférieure aux autres, leur sert au contraire de
règle et de loi. De même ne puis-je pas concevoir par abstraction un être dégagé des conditions imparfaites qui accompagnent partout
l'existence, à savoir, l'espace, le temps, la division, le mal et l'erreur? Je conçois ainsi un
pur idéal, dont je détermine les attributs, l'im-
mensité, l'éternité, la simplicité, l'immutabilité;
je le conçois comme idéal de l'esprit plus encore

que de la nature, comme le type de la vérité;
de la sainteté, de la justice et de la beauté. La
science que je construis ainsi, tout idéale
qu'elle est, n'en est pas moins vraie : elle sert
de critérium et de phare à toutes les sciences
psychologiques et morales, comme la géométrie à toutes les sciences physiques.

Telle est la doctrine de M. Vacherot, et quoique je ne puisse y souscrire, elle ne me paraît
ni sans originalité ni sans beauté. Sans doute,
quel triste ciel que ce ciel qui ne vit qu'en nous,
qui naît et qui meurt avec nous, et dont le
seul lieu est la pensée! Mais enfin cette doctrine prouve qu'il faut un ciel, en quelque
endroit qu'on le place, et il y a une sorte de
sévère grandeur, renouvelée du stoïcisme,
dans ce culte du dieu intérieur, c'est-à-dire de
la pensée. C'est évidemment la pensée qui s'a-
dore elle-même sous les noms et sous la figure
de l'idéal, car l'idéal est l'œuvre de la pensée,
ou plutôt il en est l'essence et la loi suprême.
O religion! tu te venges de tous ceux qui t'attaquent en t'imposant à eux sous la forme qui
leur plaît le plus. Si étroit que soit l'espace où

ils se retirent, tu t'y fais un autel, et tu méta-
morphoses les armes mêmes employées contre
toi. L'athée licencieux et sensuel du XVIII° siècle divinise la nature et croit au surnaturel dans
Mesmer et Cagliostro. L'idéaliste austère, réfu-
gié dans l'enceinte de sa pensée, divinise cette
pensée même, et croit que ce dieu est trop
grand pour qu'aucune puissance, même la puissance absolue atteigne jamais à cette grandeur !

Avant de discuter plus à fond cette doctrine,
reconnaissons le service qu'elle rend à la
science philosophique en provoquant l'attention des métaphysiciens sur la distinction de
deux idées essentielles trop facilement confon-
dues : l'idée d'infini et l'idée de parfait (1).
Nous admettons cette distinction, et les sub-
tiles et profondes analyses de M. Vacherot ne
sont pas perdues pour nous; mais M. Vacherot
n'exagère-t-il pas la portée de cette distinction
en affirmant que l'une de ces idées a un objet

(1) Je ferai remarquer toutefois que cette distinction avait
été faite avec beaucoup de précision par M. Adolphe Garnier
dans son *Traité des facultés de l'âme*, liv. VI, chap. V, § 17,
p. 147, 2° édit.

réel, et que l'autre n'en a pas, en faisant de
celle-ci une simple conception, et de celle-là
une intuition nécessaire? Le scepticisme de
Kant avait enveloppé ces deux idées dans une
même ruine; M. Vacherot fait une part dans
ce scepticisme : il y consent pour l'idée du
parfait, il s'en sépare pour l'idée de l'infini.
Cette séparation est elle légitime? Nous ne le
pensons pas. Nous accordons à M. Vacherot
que l'existence du parfait n'est pas, comme
l'existence de l'infini, une vérité évidente par
elle-même; mais nous pensons que l'analyse et
le raisonnement y conduisent nécessairement.

Il faudrait faire ici, d'ailleurs, une distinction importante : il faut distinguer, ce nous
semble, l'idée d'un être parfait tel qu'il est en
soi et l'idée des diverses perfections que nous
lui supposons pour le rendre accessible à notre
raison et à notre cœur. Il y a là deux degrés
d'affirmation qu'il ne faut pas confondre. Je
dis d'abord que Dieu est un être parfait,
quelles que soient d'ailleurs ses perfections; et
je dis ensuite qu'il possède telle ou telle perfection. Or je suppose que, vu la faiblesse de

l'esprit humain, je me trompe en attribuant à
Dieu telle ou telle perfection; je suppose
qu'entre les diverses perfections que j'imagine,
il y en ait d'incompréhensibles ou de contradictoires; je suppose enfin que, pour rendre
Dieu plus accessible et plus aimable, je le rap-
proche trop de ma propre image : s'ensuivrait-il
que la notion d'un être parfait devrait succomber avec celle de tel ou tel attribut scolastique? Je distingue l'essence de Dieu et les attributs de Dieu. L'essence de Dieu est la perfection : ses attributs sont ses diverses perfections,
que je me représente comme je puis. On aurait beau établir que je me trompe sur les attributs (en supposant en Dieu de fausses perfections), il ne faudrait pas en conclure que je
me trompe sur son essence, à savoir sur la
réalité de son absolue perfection. Par exemple,
suivant M. Vacherot, un Dieu en dehors de l'espace et du temps est absolument incompréhensible et implique contradiction ; mais je ne sais
pas si Dieu est en dehors de l'espace et du
temps. Je dis d'abord que Dieu est l'être parfait : voilà le point hors de doute. Je cherche

P. JANET.   9.

ensuite si, étant parfait, il est en dehors du
temps et de l'espace. Lors même que je me
tromperais sur le second point, s'ensuivrait-il
que je me suis trompé sur le premier? J'en dirais autant de tous les attributs de Dieu. Quand
même il n'y en aurait pas un seul qui me fût
connu tel qu'il est en lui-même, je pourrais
toujours affirmer qu'il y a un être absolument
parfait, sauf à m'en rapporter à la foi ou à la
vie future pour connaître d'une manière précise et sûre ses perfections.

Nous sommes loin de vouloir soutenir l
doctrine alexandrine d'un Dieu sans attributs,
et nous croyons qu'il est tel attribut de Dieu,
par exemple la pensée, que l'on ne peut guère
nier sans le nier lui-même ; mais enfin reconnaissons qu'il peut très-bien se faire que Dieu
ait des attributs qui surpassent nos pensées, ou
que, pour le mieux comprendre, nous lui en
prêtions d'autres qu'il n'ait pas. Autre chose
est un Dieu indéterminé, tel que le Dieu des
panthéistes, autre chose un Dieu ineffable,
inexprimable, dont j'affirmerais la perfection
sans connaître précisément ni pouvoir mesurer

les perfections. La doctrine du Dieu caché
(*Deus absconditus*) est une doctrine qui se
concilie avec le plus pur spiritualisme. Un
déisme d'école qui trouve tout clair dans la nature divine et se contente de transporter en
Dieu la psychologie humaine ne peut être considéré par les métaphysiciens que comme une
entrée dans la théodicée, mais non pas comme
la théodicée elle-même. La théologie chrétienne est plus profonde et plus vraie en admettant des mystères dans la nature divine. Les
grands théologiens, en interprétant à la lueur
de la conscience humaine le mystère de la
Trinité, et en consentant à dire que la triplicité
des facultés en est une image, ne font que se
proportionner à la faiblesse de notre esprit ;
mais quand il disent que Dieu est puissance,
entendement et amour, ils parlent la langue
des hommes, ils ne parlent pas de Dieu tel
qu'il est en soi. En soi, Dieu est bien autre
chose : il est le Père, le Fils et le Saint-Esprit.
Si cette grande formule n'avait d'autre sens
que celui du déisme psychologique, que ser-
virait-il d'en faire un mystère ? Si la théologie

a ses mystères, pourquoi la philosophie n'au-
rait-elle pas les siens? Pourquoi n'admettrait-
on pas que l'essence de Dieu nous est cachée,
quoiqu'on puisse s'en rapprocher par de prudentes et circonspectes inductions? Fénelon a
exprimé cette doctrine dans l'une des phrases
les plus belles et les plus profondes du *Traité
de l'existence de Dieu*. « Je me représente,
dit-il, cet être unique par diverses faces, c'est-
à-dire *suivant les différents rapports qu'il a à
ses ouvrages : c'est ce qu'on nomme perfections
ou attributs*. Je donne à la même chose divers
noms suivant ses rapports extérieurs; mais je
ne prétends point, par ces divers noms, exprimer des choses réellement diverses. »

En se plaçant à ce point de vue, on échappe
d'abord à la plupart des difficultés et obscurités
que l'on rencontre en théodicée, car il me
semble que dans ces sortes de problèmes mieux
vaut se taire que de donner des explications
insuffisantes qui ne font que stimuler et provoquer l'incrédulité. Bien plus, certaines paroles
qui, à un autre point de vue, peuvent paraître
ou trop dures, ou trop superficielles, prennent

un sens singulièrement grand et profond qui
plaît à l'esprit. Par exemple, qui ne serait d'a-
bord révolté et scandalisé en lisant ces dures
paroles de saint Paul : « Le vase a-t-il droit de
dire au potier : Pourquoi m'as-tu fait ? » Mais
à la réflexion ces paroles nous semblent profondément sages, car s'il y a une perfection primitive et absolue à l'origine de toutes choses,
qu'ai-je besoin de savoir pourquoi tel ou tel
accident qui nous paraît pénible a lieu, et ne
dois-je pas supposer que tout a sa raison, et
une raison adorable, lors même que je ne sau-
rais la trouver? D'un autre côté, lorsque Bossuet, voulant concilier la prescience divine et
la liberté humaine, reconnaît que cela lui est
impossible, mais ajoute que l'on doit néanmoins conserver les deux vérités, puisqu'elles
sont démontrées, en un mot qu'il faut tenir
ferme les deux bouts de la chaîne, quoique les
anneaux intermédiaires nous échappent, ces
paroles nous ont paru souvent plus prudentes
que profondes, plus pratiques que philosophiques, plus dignes d'un théologien que d'un
métaphysicien. Cependant un degré de ré-

flexion de plus nous y fait découvrir au contraire une grande profondeur, car de quel
droit après tout exigerions-nous que toutes nos
idées se concilient entre elles, et pourquoi de-
vrions-nous absolument connaître tous les anneaux par lesquels l'infini s'unit au fini, le parfait à l'imparfait? Nous connaissons le fini et
l'imparfait par l'expérience que nous avons de
nous-même, et du monde qui nous entoure;
nous connaissons l'infini et le parfait, parce
que c'est la loi suprême de toute pensée.
Quant aux rapports qui lient ces deux termes
de la connaissance, résignons-nous à beaucoup
ignorer.

Je néglige donc les divers attributs que nous
pouvons concevoir dans la Divinité; je prends
la pure notion d'un être parfait, et je demande
à M. Vacherot en quoi elle est incompatible
avec l'existence. C'est ici qu'il ne me persuade
point. Il suppose partout, comme un postulat
évident par soi-même, que le parfait ne peut
exister par cette raison que l'idéal ne peut pas
être réel; mais la question est précisément de
savoir si le parfait est un idéal et un pur con-

cept. On a pu contester aux cartésiens que l'existence fût une perfection ; il serait étrange pourtant qu'elle fût une imperfection. Être vaut mieux après tout que ne pas être. Je vois bien, à la vérité, que le seul réel que je connaisse, le réel qui tombe sous mes sens, qui est en contact avec ma propre existence imparfaite, est lui-même imparfait ; mais pourquoi en conclure que toute réalité, c'est-à-dire toute existence est nécessairement imparfaite ? C'est ce qu'on ne voit pas. Sans doute, si je prends chacune des choses finies qui m'entourent, et que je les conçoive comme parfaites, il y aura là une sorte de contradiction. Un homme parfait, un état parfait, sont de pures abstractions ; mais cela est tout simple, c'est que ces choses, par cela seul qu'elles sont finies, ne comportent qu'une perfection relative et limitée, une perfection qui n'en est pas une, et laisse toujours quelque chose en dehors de soi. En un mot, il est évident de soi-même que je ne puis concevoir la perfection dans les choses imparfaites : c'est pourquoi les idéaux de Platon (ainsi entendus) sont de pures abstractions ;

mais comment conclurait-on de là qu'en dehors de ces choses imparfaites une perfection
absolue ne saurait exister?

Bossuet a dit ces paroles profondes : « Pourquoi l'imparfait serait-il, et le parfait ne serait-il pas ? Est-ce à cause qu'il est parfait? Et
la perfection est-elle un obstacle à l'être ? Au
contraire, la perfection est la raison d'être. »
M. Vacherot cite ces paroles, il déclare qu'elles
sont très-éloquentes, mais qu'il ne peut y
souscrire. Je le regrette. Rien, je l'avoue, ne
me paraît plus beau et plus profond que cette
pensée : « la perfection est la raison d'être. »
Aristote, qu'on n'accusera pas d'être un théologien rétrograde, disait de même que « le
parfait ne peut naître de l'imparfait, » car d'où
viendrait ce surplus qui s'ajoute à l'imparfait
pour le perfectionner? Oui, la perfection est la
raison d'être ; si je suppose en effet un être qui
n'ait aucune espèce de perfection, c'est-à-dire
aucune qualité précise et déterminée, qui ne
soit ni ceci ni cela, qui n'ait enfin aucun attribut, je ne puis lui supposer aucune raison
d'existence, et, étant un néant d'essence, il est

en même temps un néant d'être. Il faut donc
attribuer quelque degré de détermination au
principe premier; mais pourquoi tel degré
plutôt que tel autre? Si vous lui supposez quelque puissance, pourquoi ne serait-ce pas la
toute-puissance, — quelque raison, la toute
raison; — quelque être, l'absolu de l'être?
Le premier, quoi qu'il soit, ne peut être,
comme on dit en mathématiques, qu'un *maximum* ou un *minimum*. Il ne peut être un minimum, car il serait alors un pur zéro (1); il
serait le rien, le vide absolu. Admettez-vous
cela? Non, sans doute, car de ce vide, de ce
zéro, comment quelque chose pourrait-il sor-

(1) On peut contester cette conséquence en disant que
l'infiniment petit n'est pas identique au zéro : cela est vrai ;
mais il tend sans cesse à se confondre avec lui. Or, comme
il n'y a aucune raison de fixer à l'absolu ou à l'être en soi
tel degré de perfection ou de détermination plutôt que tel
autre, si je le conçois comme un infiniment petit, je devrai
diminuer son être de plus en plus, et ne pouvant jamais m'arrêter dans cette opération d'élimination, je le verrai s'en-
fuyant et se dispersant à l'infini, ayant ainsi une tendance infinie à se confondre avec le zéro ; on ne voit pas alors d'où il
prendrait la force nécessaire pour augmenter sans cesse son
être, comme l'expérience nous montre que cela a lieu.

tir ? Il sera donc un maximum, c'est-à-dire
qu'il possèdera l'être dans sa plénitude absolue.
C'est ce que nous appelons sa perfection.

Mais ce qu'il y a surtout de profond dans la
pensée de Bossuet, c'est cette parole : « la perfection est-elle un obstacle à l'être ? » Leibnitz,
qui s'était posé précisément cette question, .
n'avait pas hésité à répondre que l'idée de parfait n'implique pas contradiction, en d'autres
termes que le parfait est possible, qu'il n'est
point un obstacle à l'être. Et on ne voit pas en
effet ce qu'il pourrait y avoir de contradictoire
dans la notion d'un être parfait. C'est ici qu'il
importe de distinguer profondément l'essence
et les attributs. Pour démontrer que l'être parfait est une notion contradictoire, on met en
opposition les attributs de Dieu les uns avec
les autres, ou bien tel attribut avec lui-même,
ou enfin avec la perfection divine ; mais, en
supposant qu'il y ait de telles contradictions
dans les attributs que nous supposons, il
s'ensuivrait peut-être que nous connaissons
mal ces attributs, que nous nous en faisons
une fausse idée, ou qu'il nous en échappe

quelques-uns qui concilieraient la prétendue
contradiction : il ne s'ensuit pas que le parfait
lui-même soit contradictoire, car en quoi la
notion d'un être renfermant tout ce qu'il y a
d'effectif et de parfait dans les êtres particuliers, et cela sous la raison de l'infini, en quoi,
dis-je, une telle notion implique-t-elle contradiction ?

Il ne faut pas confondre la question de la
nature de Dieu avec celle des rapports de
Dieu et du monde. Le passage de Dieu au
monde, ou, si l'on veut de l'infini au fini, est
un passage difficile et obscur dans toutes les
écoles. M. Vacherot est très dur pour la doctrine de la création (qui, bien entendu, n'est
pas une explication, mais un aveu d'ignorance) :
il lui reproche d'être un mystère, et il dit que,
si l'on admet un mystère en philosophie, il ne
voit pas pourquoi l'on n'admettrait pas tous les
mystères de la religion chrétienne. C'est là, il
nous semble, une assez faible raison, car,
outre qu'elle ne vaudrait que contre ceux qui
nient les mystères chrétiens, elle ne vaut pas
même contre eux. Si l'on admet en effet un

mystère (c'est-à-dire une limite à la raison sur
un point donné), ce n'est pas un motif pour en
admettre deux, trois, qui n'auraient aucune
liaison avec celui-là. En outre admettre un
mystère philosophique, si l'on y est contraint
par le raisonnement, n'engage point du tout à
admettre des mystères théologiques, lesquels
sont fondés sur la révélation : ce sont là deux
ordres de mystères profondément différents.
Il y a plus : M. Vacherot, si sévère contre ceux
qui admettent le mystère de la création, n'hésite pas lui-même lorsqu'il s'agit d'expliquer
la coexistence des individus dans la substance
universelle, à déclarer que c'est « un mystère
incompréhensible. » Il a soin d'ajouter que
c'est le seul, mais qu'importe ? Le nombre ne
fait rien à l'affaire. Il nous suffit de voir que
pour M. Vacherot le passage de l'infini au fini,
de l'universel au particulier, enfin de Dieu au
monde, est un mystère, tout comme pour
nous. Son système ne lui donne donc aucun
avantage sur ce point ; mais de quelque manière que l'on se représente ce passage, ce que
nous ne pouvons concevoir, c'est que le prin-

cipe qui est par soi-même, qui possède l'existence absolue, ne soit pas absolu dans tout ce
qu'il est, c'est-à-dire ne possède pas soi-même
toutes les perfections dont il est la source.

Admettons un instant la non-existence de
cet être parfait, je demande avec Descartes
comment nous en avons l'idée. Comment une
créature imparfaite pourra-t-elle s'élever à un
tel idéal, qui dépasse, dit-on, toute réalité possible ? Sans doute, si l'idée du parfait n'est
qu'une représentation confuse de l'imagination et du désir, rien de plus facile à expliquer ;
mais quelle en est alors la valeur et l'autorité ?
Comment pourrait-elle conserver le rôle qu'elle
joue dans la philosophie de M. Vacherot, le rôle
de loi suprême et de modèle absolu ? Il faut
alors renoncer à tout espoir et à toute pensée
de se distinguer des écoles empiriques, car le
réel, sévèrement étudié, sera toujours une
règle d'action bien plus sûre que le vague
objet d'une imagination exaltée ; mais ce n'est
pas là l'idéal tel que l'entend M. Vacherot.
Pour lui, l'idéal est l'objet d'une conception
vraiment rationnelle. C'est une idée absolue,

dégagée de l'expérience par la vertu de la raison pure. D'où nous vient pourtant une telle
idée ? où en avons-nous pris les éléments ?
Cette idée, qui n'a pas d'objet et qui n'en aura
jamais, est une vraie création de notre esprit.
Dans la théodicée vulgaire, c'est Dieu qui crée
l'homme ; dans votre théodicée, c'est l'homme
qui crée Dieu : cette seconde création est-elle
plus intelligible que la première ?

On me dit que je ne puis concevoir un être
parfait, car, par cela seul que je fixe un degré
de perfection, j'en puis concevoir un plus
grand, et un plus grand encore, et ainsi de
suite à l'infini, sans que je puisse comprendre
que cet infini de perfection puisse être jamais
réalisé. Je réponds : Pouvez-vous comprendre
qu'un infini de temps soit réalisé ? Et cependant il faut bien admettre que quelque chose
a existé de toute éternité. Quel philosophe ose-
rait dire qu'il y a eu un commencement absolu,
avant lequel rien n'était, absolument rien ?
Qu'est-ce cela, sinon un infini de durée, un
absolu de durée ? Il faut bien admettre aussi,
quelque nom qu'on lui donne, qu'il y a quelque

être qui existe par soi-même et sans cause,
c'est-à-dire un absolu d'existence. Il faut admettre que ce quelque chose, soit qu'on le
confonde avec le monde, soit qu'on l'en sépare,
qu'on lui prête une étendue réelle ou une
étendue d'action et de puissance, est immense
et sans limites dans l'espace. Voilà un absolu
d'espace. Dès lors, pourquoi ne pas admettre,
quand même on ne le comprendrait pas davantage, que cet infini d'existence, d'espace et de
durée est infini dans tous les sens et absolu
dans tout ce qu'il est, dans tous ses attributs et
dans toutes ses qualités? Or c'est là ce que
j'appelle la perfection, c'est-à-dire la plénitude
d'existence, l'entier épanouissement de la
puissance et de l'être. Quoique je ne com-
prenne pas comment l'infini de qualité peut
être réalisé, je n'y vois cependant pas de contradiction, car l'infini d'espace et de temps
(soit qu'on l'entende comme une présence
réelle dans l'espace et dans le temps, ou comme
une présence transcendante et éminente), ce
double infini n'est pas moins incompréhensible
que l'infini de qualité, et pourtant M. Vacherot

n'hésite pas à l'admettre, obéissant en cela
même à une nécessité logique invincible.
Enfin, pour employer la langue scolastique, si
l'infini extensif peut être réalisé, pourquoi
l'infini intensif ne le serait-il pas?

Nous touchons ici au plus profond des abîmes que cache la recherche des mystères di-
vins. La raison nous dit que Dieu est infini
dans l'espace et dans la durée, infini dans le
sens du nombre; mais il est aussi infini dans
le sens de l'être, de la puissance, de la perfection. Il est à la fois un infini de quantité et un
infini de qualité : c'est là ce que les scolasti-
ques appellent l'infini d'extension et l'infini
d'intensité. Je ne me charge pas de concilier
ces deux infinis, car je répète que je ne crois
pas ma pensée adéquate à l'essence des choses,
mais pourquoi exclure arbitrairement l'un de
ces infinis au profit de l'autre? Pourquoi l'infini d'étendue et de durée ne serait-il pas en
même temps un infini de sainteté, de vérité et
de beauté? M. Vacherot, dans sa préface, nous
accorde que le Dieu de l'esprit et de la conscience est supérieur au Dieu de la nature;

mais il demande si l'on ne peut pas concevoir
un Dieu supérieur au Dieu de l'esprit. Oui, sans
doute, lui répondrai-je : j'accorde qu'en Dieu
les perfections de la nature, sous une forme
éminente et absolue, se concilient avec les perfections de l'esprit dans une essence incompréhensible. J'accorderai même aux Allemands,
mais dans un autre sens qu'eux, que Dieu est
l'identité du sujet et de l'objet, de l'être et de
la pensée ; mais c'est à la condition que le sujet
et l'objet, l'être et la pensée soient conçus en
Dieu, dans leur type absolu et éminent, et non
pas comme les vagues puissances d'une substance d'où tout sort indifféremment.

Voici enfin une dernière difficulté (1). Les
anciennes écoles athées se contentaient d'admettre un principe quelconque qui, grâce à un
temps infini et à des combinaisons infinies,
amenait à un moment donné le monde tel qu'il
est. L'idéalisme hégélien, dont M. Vacherot est
le vrai représentant parmi nous, se crée de

(1) Cette objection a été développée par M. Caro avec beaucoup de justesse et de vivacité dans les pages de son livre
qu'il a consacrées à M. Vacherot.

bien plus grandes difficultés en admettant que
le monde se développe, non au hasard, mais
suivant une loi interne et par un progrès la·
tent qui le conduit par degrés continus du
moins parfait au plus parfait. Dans le monde
tel que le comprennent Epicure et Spinoza, il
n'y a point de but; tout se déduit et se développe suivant une loi nécessaire : c'est le
monde de la fatalité et de la résignation pas-
sive. Nul espoir, nul avenir, nul idéal. Il n'en
est pas de même dans la doctrine de Hegel ni
dans celle de M. Vacherot : la nature, suivant
eux, poursuit un but; ce but, c'est le perfec-
tionnement continu, c'est le développement de
son essence dans un progrès constant. Sans
doute une telle doctrine est plus élevée, plus
religieuse, plus haute que le mécanisme épicu-
rien, que le fatalisme géométrique de Spinoza.
Dans cette théologie, la nature aspire au parfait. Ce parfait, dont elle est elle-même le
germe, est son Dieu; la nature aspire à la
pensée, et cette pensée, qui s'exprime en elle
sans qu'elle le sache, est son âme. J'ai dit déjà
combien il serait injuste de confondre une telle

doctrine avec l'athéisme et le matérialisme;
mais enfin allons au fond des choses, et de-
mandons comment il se fait que la nature
marche vers un but qu'elle ignore, et qu'elle
soit guidée en quelque sorte par un flambeau
qui n'existe pas.

Que l'homme agisse en vue de l'idéal (cet
idéal ne fût-il qu'un rêve), je le comprends
encore, car enfin l'homme conçoit cet idéal, et
je sais qu'une pensée peut déterminer une action; mais que cette notion, qui n'est qu'un
produit de l'esprit humain, puisse être un sti-
mulant, une raison d'agir pour une nature
aveugle, et cela avant même que l'esprit humain ait apparu dans le monde, c'est là un
ensemble d'impossibilités que l'on peut bien
admettre, quand on a un système et qu'on y
tient, mais qu'un esprit froid et désintéressé ne
peut accepter. Tiraillé entre le fatalisme épicu-
rien ou spinoziste et l'optimisme platonicien ou
leibnitzien, la doctrine de la finalité instinctive
ne peut se suffire à elle-même. Il faut qu'elle
tombe dans l'un ou s'élève à l'autre.

Le spectacle de la nature nous offre trois

classes d'êtres, ou, si l'on veut, trois degrés
d'êtres profondément différents : au premier
degré, la matière brute, obéissant à des lois
mécaniques, à des combinaisons fatales et mathématiques, se développant en apparence sans
raison et sans but; au second degré, la vie,
dont le caractère le plus saisissant est une combinaison de moyens appropriés à une fin, qui
manifeste par conséquent l'idée de but et l'idée
de choix; seulement ce choix, dans les êtres
vivants, paraît être l'objet d'un instinct aveugle, d'une activité qui s'ignore. Au troisième
degré sont les êtres intelligents qui poursui-
vent le but avec réflexion et volonté. A ces
trois classes d'êtres correspondent trois théologies distinctes, et le principe des choses a été
conçu par analogie avec les trois ordres de
causes que nous connaissons : la nécessité
aveugle, l'instinct, la volonté intelligente et
libre. Les athées conçoivent la cause suprême
comme une force aveugle, les panthéistes
comme une vie instinctive et inconsciente, les
théistes comme une pensée et une volonté.
Ceux-ci font Dieu à l'image de l'homme, les

panthéistes à l'image de la plante, les athées à l'image de la pierre. Qui a raison de ces trois théologies?

Disons toute la vérité : Dieu n'est ni un homme, ni une plante, ni une pierre. Il est l'infini et le parfait indivisiblement unis. De tous les symboles par lesquels on peut essayer de le représenter, l'âme humaine est certainement celui qui s'éloigne le moins de ce divin modèle; mais elle n'en est qu'une ombre, et ce n'est que par des à peu près que nous pouvons conclure de nous à lui. Cependant, pour éviter un Dieu fait à l'image de l'homme, ne tombons pas plus bas, et ne cherchons pas à le concevoir comme semblable à une plante qui se développe ou à une pierre qui tombe ; et surtout, pour éviter toutes ces idolâtries, n'allons pas nous réfugier dans un vain idéalisme, ne laisser à Dieu d'autre ciel que notre pensée et notre cœur, car quel miracle qu'une créature si misérable que nous sommes soit le seul endroit que Dieu puisse habiter ! Quel miracle que l'être absolu et subsistant par soi-même soit incapable d'atteindre à la perfection, et

P. JANET.   10.

qu'un des phénomènes passagers dans lequel
cet absolu se manifeste soit capable de se créer
à soi-même l'idée de la perfection ! Il ne faut
pas que, par lassitude des théories qui ont
longtemps régné, on s'impose à soi-même
et l'on propose aux autres de plus obscurs
mystères qu'aucun de ceux qu'ait jamais pro-
posés aucune religion.

De si profonds problèmes ne se résolvent
pas en quelques pages. Contentons-nous d'a-
voir résumé quelques-unes des idées nouvelles
les plus importantes et d'en avoir en même
temps signalé les lacunes. Une controverse plus
approfondie nous entraînerait trop loin ; mais
nous ne pouvons abandonner cette étude sans
conclure et présenter en terminant quelques
idées sur l'avenir et les destinées de la philosophie spiritualiste.

Ici nous ne pouvons que nous associer aux
conclusions franches et libérales de M. Caro :
« L'expérience cruelle que la philosophie spiritualiste a faite depuis quelques années, et qui
se continue encore à l'heure qu'il est, doit l'a-
vertir de se tenir à l'avenir sur ses gardes, de

ne plus s'endormir, comme elle l'a fait, dans la sécurité trompeuse d'une sorte de scolastique renaissante, pendant qu'autour d'elle tout se renouvelait, critique historique, critique religieuse, sciences physiques et naturelles. Reconnaissons de bonne foi ce qui nous manquait. On appelait paix des esprits leur indifférence et leur langueur. On estimait trop aisée la solution des grandes questions ; on acceptait sans les contrôler sérieusement des démonstrations vraiment insuffisantes. Enfin on s'isolait de plus en plus du mouvement des sciences physiques, naturelles, historiques, qui touchent par tant de côtés à la science philosophique. »

Rien de plus sensé que ces critiques et ces conseils. Avertie et sollicitée par le mouvement de discussion que l'on vient de décrire, la philosophie spiritualiste peut et doit aujourd'hui se remettre courageusement à l'étude des problèmes et reprendre l'œuvre de construction dogmatique qu'elle avait interrompue soit pour l'histoire, soit pour la polémique, soit pour les applications morales. Ces trois parties considérables de la science ne sont pas la science elle-même. Tous les principes ayant été ébranlés, il faut reprendre l'étude des principes. Psychologie, logique, métaphysique, morale, tout doit être soumis à une sévère révision. Il faut éviter en outre une erreur trop fréquente : c'est de vouloir tout embrasser à la fois et d'avoir toujours entre les mains une synthèse universelle. Les savants, dans les autres ordres de connaissances, ne commettent pas une pareille faute. Ils étudient chaque question séparément et l'une après l'autre. La synthèse se fait d'elle-même, et si elle ne se fait pas, on attend patiemment qu'elle soit mûre. Pourquoi ne pas procéder ainsi en philosophie? Pourquoi ne pas se partager les problèmes? Pourquoi vouloir, sur toutes choses et à propos de tout, dire le dernier mot? Sachons nous contenter de progrès lents et successifs. Une question spéciale bien étudiée doit avoir plus de prix pour nous que de vagues et vastes généralités, où il est bien difficile d'éviter le lieu-commun. Je dirai aussi qu'il ne faut pas trop se préoccuper des opinions du jour, et consumer sa force dans des débats qui au fond sont assez stériles.

Il était bon que le livre de M. Caro fût fait;
mais, maintenant qu'il est fait, j'aimerais assez
qu'on s'occupât d'autre chose que de critiquer
les opinions d'autrui. Si nous présentons nous-
mêmes de fortes pensées, on nous tiendra volontiers quittes des critiques de nos adversaires. Si nos pensées sont faibles, il ne nous ser-
vira de rien d'avoir fait contre tel et tel de
bons arguments. Les lecteurs s'amuseront du
combat, mais ne feront pas pour cela un pas
vers nos idées. Enfin le public doit lui-même ne
pas toujours être devant nos yeux. C'est pour
avoir trop voulu plaire au monde que la philosophie spiritualiste s'est affaiblie. Ceux qui nous
l'ont reproché le plus amèrement ne voient pas
qu'ils tombent dans la même faute à leur tour ;
ils s'y affaibliront également. Il faut éviter sans
doute le jargon et le pédantisme ; mais la sévérité
de la vraie science ne comporte que rarement
les beautés et les agréments de l'éloquence.

Enfin la philosophie ne doit pas oublier qu'elle
est une science, et que le rôle, que le devoir
même de la science est le progrès. C'est par là que
la philosophie se distingue de la religion. Celle-

ci (du moins telle qu'on la conçoit dans les pays catholiques) est nécessairement immobile. Son rôle se réduit à se défendre contre les attaques sans avoir jamais rien de nouveau à découvrir. Il ne peut en être ainsi de la philosophie : elle ne parle pas au nom d'une vérité absolue une fois trouvée; elle cherche, elle tâtonne, elle propose, elle n'impose rien : elle doit donc se développer progressivement, et, comme toutes les sciences, ajouter sans cesse de nouvelles lumières à celles qu'elle possède déjà: elle se perd en s'immobilisant. L'ardeur du combat peut à la vérité lui donner momentanément une apparence de vie; mais cette excitation venue du dehors s'épuiserait bien vite et épuiserait la science elle-même, si celle-ci ne se renouvelait par une source intérieure et par sa propre activité. Ce n'est rien proposer de téméraire que de convier l'école spiritualiste à s'imiter elle-même, à se rappeler ses commencements obscurs et glorieux, où, dans le silence de l'Ecole normale, elle étudiait avec passion les lois de la perception extérieure, les origines de nos idées, l'autorité de la connaissance hu-

maine, les fondements de la psychologie. Je ne
dis pas qu'il faille toujours en rester aux questions préliminaires et éviter les dernières conclusions : ce serait là une autre faute en sens
inverse ; mais il ne faut pas que les conclusions,
devenues des dogmes, rendent indifférents à
l'analyse et à la discussion des principes. Je
ne voudrais pas dire qu'il faut renoncer à toute
polémique, encore bien moins aux recherches
si avancées et si fructueuses de l'histoire de la
philosophie, ou aux applications morales et
sociales ; mais la discussion, la critique historique, les applications à la vie doivent être
subordonnées à la théorie. Cette règle est l'âme
de la philosophie. Une philosophie s'abandonne
elle-même lorsqu'elle oublie ou néglige les recherches théoriques ; elle ne doit s'en prendre
qu'à soi, si elle se voit supplanter par d'autres
écoles plus entreprenantes. Ce sont là des vérités qu'il faut se dire à soi-même, si on ne
veut pas se les faire dire par d'autres d'une
manière plus désagréable qu'on ne le désire-
rait.

FIN.

TABLE DES MATIÈRES

———

www.ingramcontent.com/pod-product-compliance
Lightning Source LLC
Chambersburg PA
CBHW072043080426
42733CB00010B/1973